国家重点研发计划政府间国际科技创新合作/港澳台科技创新合
泰合作二期项目适应气候变化的社区水资源管理”（项目编号：
中央级公益性科研院所基本科研业务费专项项目“‘双碳’背
路径研究”（项目编号：Y2022ZK03）
中国农业科学院科技创新工程（项目编号：10-IAED-06-2022）

经济管理学术文库 • 经济类

黄河流域农业产业高质量发展规划方略

——基于西北地区县域经济的考察

The Strategy of High-quality Development in
Agriculture Sector in the Yellow River Basin
—Based on the Exploration of County Economy in Northwestern China

袁龙江　刘　静　等／编著

经济管理出版社
ECONOMY & MANAGEMENT PUBLISHING HOUSE

图书在版编目（CIP）数据

黄河流域农业产业高质量发展规划方略：基于西北地区县域经济的考察/袁龙江等编著.—北京：经济管理出版社，2022.10
ISBN 978-7-5096-8777-2

Ⅰ.①黄…　Ⅱ.①袁…　Ⅲ.①黄河流域—农业产业—产业发展—研究—西北地区　Ⅳ.①F327.4

中国版本图书馆 CIP 数据核字(2022)第 195367 号

组稿编辑：曹　靖
责任编辑：郭　飞
责任印制：黄章平
责任校对：董杉珊

出版发行：经济管理出版社
（北京市海淀区北蜂窝 8 号中雅大厦 A 座 11 层　100038）
网　　址：www. E-mp. com. cn
电　　话：（010）51915602
印　　刷：唐山玺诚印务有限公司
经　　销：新华书店
开　　本：720mm×1000mm/16
印　　张：14. 75
字　　数：240 千字
版　　次：2022 年 11 月第 1 版　　2022 年 11 月第 1 次印刷
书　　号：ISBN 978-7-5096-8777-2
定　　价：88. 00 元

联系地址：北京市海淀区北蜂窝 8 号中雅大厦 11 层
电话：（010）68022974　　邮编：100038

编委会

主　　编： 刘　静

参编人员： 胡向东　王国刚　夏　英　王明利　张　琳
李宁辉　杨　春　薛　莉　王明昊　石自忠
高海秀　王海英　连煜阳　刘　莉　韩　振

前 言

当前，高质量发展已成为时代主题，制约高质量发展的主要问题是“农业基础还不稳固，城乡区域发展和收入分配差距较大”等。可见，农业农村问题既是实现高质量发展的基础和前提，也是关键掣肘。黄河流域是我国重要的生态屏障和农业生产基地，也是乡村振兴衔接的重点区域，黄河流域大部分处于干旱与半干旱地区，水资源条件先天不足，加之数千年来对水资源的大规模开发利用，使黄河流域的地表植被、水资源以及生态环境问题日益加剧，已经超出了流域的生态环境承载力，水资源保障形势严峻。黄河流域水资源利用较为粗放、农业用水效率低是黄河流域农业高质量发展的最大阻碍，水资源可持续利用是黄河流域农业高质量发展的重要支撑，也是推进黄河流域农业高质量发展亟待解决的问题。

本书以黄河流域上游典型 M 县为例，内容包括导论、战略、戈壁生态农业发展、行动和政策保障等四篇十一章，从不同角度分析阐述 M 县农业农村经济发展历史、成就和问题，与 M 县资源禀赋相似的以色列农业农村发展经验启示以及 M 县未来农业发展方向、重点、支撑行动和保障措施等。本书基于水资源刚性约束的现实条件，将水资源作为内生要素纳入柯布-道格拉斯生产函数，构建“以水定土，以土量水”的水土资源优化模型，利用 M 县 17 个乡镇的 1931 户农户调查问卷，对农业用水方案调整和节水潜力进行情景分析与测算，科学分析测算县域内农业产业种植规模和结构。研究结果表明，黄河流域县域农业高质量发展应按照政府管控与市场调节相结合的资源配置思路，以提高水资源利用效益为中心，围绕农业高质高效共融协调的发展主线，遵循“节水、提质、创牌、融合、调粮、增菜、精畜、扩草”的总体方针，推进水资源节约集约利用，完善水资源定价机制，抑制不合理用水需求，大力推进农业节水，适度调减农作物种植面积，不应以规模论英雄，而是侧重技术、管理、质量要效益，走“质量兴农、绿色兴农、品牌强农”的发展之路。

本书是在相关课题研究报告的基础上撰写而成的。这些研究得到了国家重点研发计划政府间国际科技创新合作/港澳台科技创新合作重点专项项目“中泰合作二期适应气候变化的社区水资源管理”（项目编号：2017YFE0133000）、中央级公益性科研院所基本科研业务费专项项目“‘双碳’背景下农业绿色发展战略路径研究”（项目编号：Y2022ZK03）和中国农业科学院科技创新工程（项目编号：10-IAED-06-2022）的资助。在课题研究和书稿撰写的过程中，我们召开了多次研讨会，农业农村部、水利部、中国农业科学院、中国农业大学等相关领导和专家提出了许多宝贵意见和建议，本书稿正是在上述意见和建议基础上修改完善而成，在此深表感谢。

目　录

第三篇 戈壁生态农业发展篇

第一篇　导论篇

第1章　背景：时代脉络与现实意义

1.1　时代背景

农业农村农民问题是关系国计民生的根本性问题，党中央、国务院高度重视“三农”问题，始终坚持把“三农”工作作为重中之重，作出了一系列重大决策部署，出台了一系列支持保护政策，将更多资源向农村倾斜，为加快农业现代化提供了政策保障。党的十九大作出了实施乡村振兴战略的重大决策部署，2018年中央一号文件就实施乡村振兴战略提出了全面意见。实施乡村振兴战略是党中央“三农”工作一系列方针政策的继承和发展，是中国特色社会主义进入新时代做好“三农”工作的总抓手。乡村振兴，产业兴旺是重点，生态宜居是关键，处理好产业兴旺与生态宜居的关系，把发挥农业的生态保护功能放在首位。着力调整优化产业结构布局，建立与资源承载能力相适应、相配套的现代生态农业产业体系、生产体系、经营体系，是推动现代农业高质量发展的必然要求。

黄河流域是我国重要的生态屏障和农业生产基地，也是乡村振兴衔接的重点区域，推进黄河流域生态保护和高质量发展，事关我国经济社会发展和生态安全，事关黄河沿岸人民美好生活愿望的实现，是党中央回应社会重大关切，保障黄河长治久安做出的重要部署。黄河流经的9个省份，流域总人口4.2亿，占全国总人口的30.3%；地区生产总值23.9万亿元，占全国生产总值的26.5%；全域涉及多个国家重点生态功能区及农产品主产区，粮食和肉类产量约占全国1/3，推动黄河流域农业高质量发展是实现黄河流域生态保护和高质量发展的题中应有之义，也应成为践行黄河流域生态保护和高质量发展的首善之举。

实现黄河流域农业高质量发展，首先要深刻把握质量的问题。从内涵来看，高质量发展是更好地满足人民不断增长的物质文化需求的生产方式、结构和动力状态（陈晓东和金碚，2019）。从外延来看，黄河流域高质量发展不仅要提高农业生产体系的产品质量和效率，而且要保障生态环境和可持续发展。当前，农业高质量发展的根本矛盾仍然是农业资源利用与生态环境脆弱性的矛盾。就黄河流域而言，一方面，其农业发展主要依靠投入的粗放式增长，存在要素结构不合理、农业比较效益较低等问题。同时，还面临二三产业的横向挤压和区域内部的平行竞争，农业发展的空间十分有限。另一方面，农业面源污染给黄河流域的生态环境带来了明显的负外部性。由于黄河流域上中下游自然条件和农业资源分布的巨大差异，解决农业高质量发展问题需要在保护生态环境的底线上进行全域统筹，直面农业资源的刚性约束，按照习近平总书记的要求，从实际出发，宜水则水、宜山则山，宜粮则粮、宜农则农，宜工则工、宜商则商，积极探索富有地域特色的高质量发展新路子。

1.2 现实需要

黄河流域大部分处于干旱与半干旱地区，水资源条件先天不足，加之数千年来对水资源的大规模开发利用，黄河流域的地表植被、水资源数量以及生态环境问题日益加剧，已经超出了流域的生态环境承载力，水资源保障形势严峻。黄河流域总人口占全国总人口的30%，但黄河流域水资源总量仅为全国的2%，人均占有量仅为全国平均水平的27%；而水资源开发利用率高达80%，远超一般流域40%的生态警戒线。过度开发利用水资源，已经对黄河流域生态安全构成了重大威胁，成为制约黄河流域经济社会可持续发展的短板之一（陈晓东和金碚，2019）。

水资源利用较为粗放、农业用水效率不高是推进黄河流域农业高质量发展亟待解决的问题。坚持“以水而定、量水而行”，着力实现水资源的合理配置和高效利用是黄河流域推进农业高质量发展应该遵循的原则。在水资源成为农业发展刚性约束的现实条件下，水土资源优化配置是实现农业高质量发展的基础，也是破除农业高质量发展难题的一剂“良方”，如何实现农业生产水土资源的优化配置是值得研究的关键问题。在经典农业生产函数中，水资源是外生给定且无限供给的，进入生产函数的只是土地、劳动力和资本，尤其是土地资源优化利用决定着整个农业生产制度的选择。在这样的基础上，经济学家认为土地资源优化是传统农业生产的决定性因素。但是，对干旱地区而言，水资源的稀缺性凸显，成为决定农业产量最为重要的生产因素，这一特征意味着水资源必须作为内生变量纳入生产函数，农业资源的优化配置问题需在水资源刚性约束下加以考量。

黄河上游西北干旱地区土地较为充裕，但是水资源稀缺程度极为严重，水土资源优化配置需求最为迫切，如何在极为有限的水资源条件下，通过水土资源优化配置，既实现农业产业效益提升，又发挥产业节水潜力，为生态修复和保护提供保障，是亟待破解的问题。回答这一问题对于黄河流域水资源优化利用，特别是黄河上游生态脆弱地区水资源节约高效利用具有重要的现实意义。本书选择以水资源刚性约束最为凸显的黄河流域上游宁夏北部到河套地区同属干旱半干旱草地荒漠过渡带的M县为例。该县年降水量均不足200毫米，平均海拔基本在1000~1400米，戈壁荒漠面积比重大，年均气温7℃~9℃，地势平坦，农业灌溉条件优越，人均耕地面积均在0.3公顷以上。与M县水土资源气候条件类似区域约占黄河上游流域面积的50%，总流域面积的1/4。M县是我国西北干旱生态脆弱区农业经济的典型代表，由于深居内陆干旱半干旱区，区内降雨稀少、荒漠广布、生态环境脆弱，M县生态关乎我国西北地区及河西走廊地区的发展与稳定，在整个中国生态格局中具有举足轻重的战略地位。

近年来，M 县采用“以水脉定格局，以格局布农林；以水效定产业，以产业促发展”的全新思路，发展具有 M 县特色的生态产业体系。在农业产业发展的生态支撑上，就是要以生态保护为前提，贯穿农业高质高效共融协调的主旨思想，体现“农业生态化、生态产业化”的发展理念，在节水良种引进、节水装备创制、节水工程展示、节水模式示范等方面形成全国生态节水高效农业的科技引领和先导，打造中国农业的“以色列”，探索出荒漠绿洲生态节水高效农业发展的“M 县模式”。

本书运用 M 县 1931 份农户实地调研数据，重点聚焦黄河流域农业高质量发展中水土资源优化配置问题，按照政府管控与市场调节相结合的资源配置研究思路，考虑采取调整配水方案与调整水价提高水资源利用效率，对农业用水方案调整和节水潜力进行情景分析与测算，为落实黄河流域生态保护与高质量发展战略提供实践路径。在此基础上，就 M 县设施瓜菜、大田作物、草牧业、休闲农业、智慧农业和循环农业等重点产业进行梳理和设计，以水资源高效利用和水土资源优化配置为前提，着重分析其发展现状、短板、市场形势、发展思路与重点；同时，提出推动农业产业高质量发展的支撑体系建设途径与体制机制创新举措，以 M 县为例，为水资源短缺地区如何发展节水高效优质农业、推动农业产业高质量发展提供可借鉴的解决方案。

1.3 相关研究

黄河流域是我国经济社会发展的重点区域之一，也是经济社会发展与生态环境保护矛盾突出的区域。黄河流域的生态保护与经济发展问题，历来备受关注，特别是随着黄河流域生态保护和高质量发展确立为国家重大发展战略，围绕黄河流域高质量发展的学术研究不断深入。现有研究重点探讨了黄河流域高质量发展的内涵、面临的突出问题及推进对策。

1.3.1 黄河流域高质量发展内涵

黄河流域高质量发展的内涵丰富，主要包括三个层面：一是经济增长的稳定性。高质量发展意味着在继续壮大经济总量的同时，更要提升经济增长的质量和效益（陈晓东和金碚，2019），从而保持经济增长的稳定。改革开放40多年来，黄河流域的高速发展主要建立在经济繁荣的基础上。随着市场的逐渐饱和，稳定的经济增长需要进一步优化经济结构，充分提高资源配置的效率（王喜峰和沈大军，2019）。经济的内在驱动力不应只是粗放式的投入，更要通过科技创新提升技术效率，补充新的经济增长点（徐辉等，2020）。二是社会发展的均衡性。黄河流域的高质量发展的基本特征是全面兼顾，需要全域视角下的统筹协调发展（陈晓东和金碚，2019）。过往以行政区域为地理单元的发展存在一定局限性，产生了广泛的发展不均衡的问题。因此，以自然地理或生态系统为单元的发展对于均衡发展有重要的意义。就黄河流域来说，不同地理分区的资源禀赋差异巨大。均衡的社会发展需要进一步发挥地区的比较优势，“宜山则山，宜水则水”，积极探索地区特色的高质量发展道路（樊杰等，2020）。三是生态环境的可持续性。保持良好的生态环境是黄河流域高质量发展的根本保障，也是市场经济发展的刚性约束（安树伟和李瑞鹏，2020）。一个基本理念导向是，黄河流域的高质量发展要从工业文明过渡到生态文明，关注人和社会关系的同时，还要关注人与自然的关系（郭晗和任保平，2020）。市场经济的生产要素不仅包括传统的土地、劳动力、资本，还要囊括生态生产要素，并正视其稀缺性。由于生态保护通常难以通过市场机制来实现，黄河流域市场经济的发展也依赖公共经济的发展。

1.3.2 黄河流域高质量发展面临的问题

黄河流域高质量发展面临资源刚性约束、空间开发失调、基础设施与中心城市发展滞后、产业关联不足、治理效率低下等多重阻碍（郭晗和任保平，2020），突出的问题是水资源紧缺与流域内生产、生活、生态用水需求增长的矛盾（王金南，2020；张金良，2020；胡春宏和张晓明，2019）。黄河流经的地区多为干旱半干旱地区，水资源量有限，而生态建设、经济发展、生活用水需求呈现不断增长趋势，特别是水资源支撑生态修复和环境保护的需求凸显，现有水资源配置格局难以满足新需求，导致水资源供需矛盾突出（陈耀等，2020；胡春宏和张晓明，2019）；除先天不足的资源性缺水问题外，黄河流域水资源还存在后天失养的问题，水资源利用粗放，水量调度效率不高，用水结构和方式不合理，水资源过度开发，超过国际生态警戒线，现有分水方案对水资源衰减状况考虑不足，工农业和生活用水对生态用水造成严重挤压，生态用水保障不足，严重威胁全流域生态环境保护和可持续发展（陈怡平和傅伯杰，2019；王金南，2020；郭晗和任保平，2020）。

1.3.3 推进黄河流域高质量发展的对策

生态环境脆弱和资源环境的高负载是黄河流域的基本态势，流域整体水资源匮乏将是常态，节约高效用水既是当前面临的突出问题，也将是长期存在的严峻形势（金凤君，2019）。破解黄河流域生态保护和高质量发展的关键在于实施好水战略，做好水资源保护、水生态恢复、水环境改善、水灾害治理以及水监管（张金良，2020），平衡好保护和发展、当前和未来，以及区域与行业间的需求（赵钟楠等，2020）。利用好黄河流域有限的水资源，完善水资源配置和管控是当务之急（胡春宏和张晓明，2019）。促进黄河流域水资源合理利用需要多管齐下：一是统筹考虑生产、生活、生态用水以及地下水资源的分配，既要保障产业发展的合理需求，又要预留足够的生态需水，满足流域生态保护的需求，根据资源环境承载力及生态修复保护的需求，调整现有黄河水资源配置方案，优先保障生态用水（贾绍凤和梁媛，2020；陈怡平和傅伯杰，2019；胡春宏和张晓明，2019）。二是大力发展节水产业和技术，推进精准深度节水，特别是农业节水（陈耀等，2020；胡春宏和张晓明，2019；王金南，2020），提高粮食、能源行业的全要素生产率，减少水资源浪费（王喜峰和沈大军，2019），推动用水方式由粗放向节约集约转变。三是建立水权交易制度，制定差异化的水价体系，充分发挥经济杠杆的调控作用，提高水资源利用效率（陈怡平和傅伯杰，2019；赵钟楠等，

2020；樊杰等，2020）；实施最严格的水资源管理制度，抑制不合理用水需求（郭晗和任保平，2020）。四是加强黄河流域的空间管控，调整种植业结构，提高水土资源开发效率，实现资源优化配置。五是协调好人地关系（樊杰等，2020），实施资源型调水以及防范水资源环境风险（郭晗和任保平，2020）。

另外，黄河流域上中下游区域主导功能不同，推进黄河流域高质量发展应充分考虑区域差异性实施分类治理，以区域功能确定水资源利用模式，推行适水发展，上游地区承担着水源涵养生态功能，要重点强化生态治理，中下游地区重点治理水土流失、环境污染等问题，提升重点城市群和区域的高质量发展水平（郭晗和任保平，2020；安树伟和李瑞鹏，2020；赵钟楠等，2020；王金南，2020）。

现有研究围绕黄河流域高质量发展面临的形势与问题，重点从宏观层面提出了生态保护和高质量发展要求下黄河流域发展策略。基于现有研究的分析，可以明确黄河流域高质量发展的最大瓶颈是水资源，实现水资源的合理利用是推动黄河流域高质量发展的首要任务。现有研究结论显示，促进水资源合理利用的着力点可以聚焦于两方面：一是合理调度水资源，匹配黄河流域面临的形势与高质量发展的新要求，调整生产、生活、生态配水方案，优化水资源配置；二是节约高效利用水资源，发挥市场调控作用，转变水资源粗放利用方式，抑制不合理的用水需求。推进黄河流域高质量发展，做好水的文章是关键，现有研究基于宏观层面的分析为黄河流域高质量发展把脉定调发挥了积极作用，但怎么利用好有限的水资源？针对黄河流域生态保护和高质量发展的要求，如何调整水资源配置？具体实践层面的研究较为欠缺。特别是在黄河流域生态治理紧迫性凸显，生态用水需求强烈的形势下，如何发挥各行业的节水潜力，为生态用水提供更大的空间是迫切需要研究的问题。

农业是黄河流域的重要产业，也是用水量大而用水效率不高问题突出的产业。本书重点聚焦黄河流域农业高质量发展中水土资源优化配置问题，按照政府管控与市场调节相结合的资源配置研究思路，考虑采取调整配水方案与调整水价提高水资源利用效率，尝试对农业用水方案调整和节水潜力进行情景分析与测算，为落实黄河流域生态保护与高质量发展战略提供实践路径。

第 2 章　诊断：成就、问题与机遇

2.1　发展成就

2.1.1　农业综合生产能力不断提升

M 县地处 S 河流域下游，是“丝绸之路”重镇。2017 年，M 县全县农作物总播种面积 745450 亩，其中粮食作物播种面积 247029 亩，大田经济作物 355271 亩，大田甘草、枸杞等药草 180407 亩。小麦和玉米是 M 县主要大田粮食作物，两者播种面积占粮食作物播种面积的 98.4%，其中小麦播种面积 88635 亩，玉米播种面积 154410 亩，分别占粮食作物播种面积的 35.9%和 62.5%。在经济作物方面，葵花籽播种面积 161982 亩，蔬菜 59705 亩，蜜瓜和西瓜 53240 亩，茴香 51523 亩，白瓜籽 28821 亩，分别占经济作物播种面积的 45.6%、16.8%、15.0%、14.5%和 8.1%。在设施农业方面，2017 年底，全县累计建成日光温室 4.78 万亩，形成了十大类 100 多种特色优势产品，日光温室生产已初步形成了生产区域布局合理、种植品种优良丰富、茬口安排灵活科学、品牌打造特色鲜明、销售渠道畅通多样的良好格局。在林果业方面，全县共发展特色林果业 49.7 万亩，其中酿酒葡萄13.88万亩，红枣24.45万亩，枸杞10.70万亩，其他0.64万亩。挂果面积31.22万亩，其中红枣11.81万亩，产量6387吨；葡萄9.67万亩，产量1.31万吨；枸杞9.10万亩，产量2650吨；其他0.64万亩。畜禽饲养量达554.3万头（只），其中牛、羊、猪、鸡存栏量分别达1.8万头、119万只、7.3万头、182.7万只；出栏量分别达0.6万头、100万只、7.6万头、135.3万只。2017年农村居民人均可支配收入达1.22万元。

2.1.2 农业高效节水技术持续推进

M县通过综合运用工程节水、农艺节水、管理节水等措施，推进农业节水规模化、集约化发展，大力推广了以膜下滴灌、垄膜沟灌为主的农田高效节水技术。近年来，主要培育壮大了高效节水产业，建立了与水资源承载力相适应、与节水增收目标相配套的种植业结构，粮经草比例调整为33.4∶48.1∶18.5。M县年均落实推广各类节水技术76.4万亩以上，其中垄膜沟灌节水技术36万亩以上，膜下滴灌节水技术40.4万亩以上。建立了M县陶中现代农业示范园区、夹河中坪“四位一体”节水示范点、泉山万亩膜下滴灌示范区等6个核心示范点。通过示范推广膜下滴灌技术亩节水150~200立方米，亩节肥20%~30%，亩增收100~200元；应用垄膜沟灌技术平均亩节水80~100立方米，亩增收60~100元。通过高效节水农业的发展，全县灌溉水利用率提高了10%左右，实现了年节水9000万方、增收8000万元。

2.1.3 “水—业”协调度持续优化

近年来，M县按照“以水定产业、以水定规模、以水布局经济社会发展”的思路，调整优化种植业内部结构，引导农户大力压缩洋葱、制种玉米等高耗水、低效益作物，稳步扩大食葵、甜瓜、棉花、辣椒、中药材、饲草、茴香、甜美南瓜等节水高效作物种植面积，加快构建“粮经饲”协调发展的三元种植结构。粮食作物、经济作物比例由2010年的41∶59调整为2017年的38∶62，节水型农作物生产面积占种植业总播种面积的72%以上。此外，积极推广“粮—

经”“粮—草”“经—草”等轮作模式，推行3~5年以上轮作倒茬循环，增加豆科、禾本科及蔬菜轮作，抓好耕地深松作业，增加耕作层厚度，坚决纠正和杜绝浅耕浅翻、免耕栽培等不良栽培方式，有效改善了全县土壤结构，提升了地力条件。

2.1.4 农业基础设施更加完备

M县共建成出口农产品标准化生产示范基地15万亩，带动全县出口农产品标准化生产面积30万亩，全县出口农产品基地备案23.75万亩；以M县陶中现代农业示范园、重兴镇上案村、双茨科镇红东村、收成镇兴盛村为重点，分别打造番茄、人参果、西瓜、甜瓜有机农产品生产示范基地4个，生产规模达520座、1040亩。2017年全县共建成二代日光温室22786座、4.36万亩，日光温室棚体结构得到进一步优化，已由传统的二代立柱式温室逐步向全钢架无立柱结构三代温室过渡，全县共建成了全钢架无立柱结构三代温室1375座、0.42万亩。

2.1.5 农业绿色发展成效初现

M县农业生产深入推进农作物病虫害绿色防控、统防统治，大力推广新型生物农药，全面提升防控装备水平，加快转变病虫害防控方式，着力构建资源节约型、环境友好型病虫害可持续治理技术体系，实现了农药减量控害；深入推进测土施肥、精准施肥，大力开展耕地质量保护与提升行动，增施有机肥减少不合理化肥投入，推广滴灌施肥等水肥一体化技术，加快转变施肥方式，有力提高了肥料利用率。通过农业绿色生产技术的普及，2017年全县农业生产专业化统防统治覆盖率达26%以上，绿色防控覆盖率达36%以上，肥料利用率达38%以上，农药化肥使用量实现了零增长。农业生产安全、农产品质量安全和生态环境安全保障体系初步形成。

2.1.6 农产品加工业发展迅速

M县通过引进与培育、改造与创新等方式，支持农产品加工企业发展。全县共培养出各类农畜产品加工企业145家，其中肉类加工企业9家，酒类加工企业9家，锁阳、苁蓉、红枣和枸杞收购加工企业34家，面粉及面粉深加工企业20家，酱醋加工企业5家，饲草加工企业12家，其他加工企业56家。已形成50万只肉羊精深加工、2.5万吨葵花油、2万吨炒货、2000吨南瓜制品、6000吨葫芦籽、1万吨鲜椒酱、5000吨茴香粉、4万吨红枣、1万吨枸杞、5.3万吨葡萄原酒、3000吨白酒、5万吨皮棉的加工生产能力。2017年，农产品分级包装上市率达50%以上，农产品加工率达55%以上。

2.1.7 农业科技集成应用水平较高

在创新主体方面，通过深入实施创新驱动发展战略，构建以企业为主体、市场为导向、产学研相结合的技术创新体系。全县工业企业中拥有高新技术企业5户，省级技术创新示范企业3户；省级工业设计中心1户；省级企业技术中心3户，市级企业技术中心11户；国家级、省级、市级知识产权优势企业各1户；民营科技企业21家；2017年开发新产品17余项，开发新技术十余项，申请各类专利110多项。在技术方面，全县在日光温室生产中全面推广了膜下滴灌、高温闷棚、黄蓝板诱杀、生物农药杀虫、有机肥施用、防虫网阻虫、电动授粉器授粉等标准化生产技术；在大田作物生产中推广应用了测土配方施肥、合理轮作倒茬、垄膜沟灌、病虫害绿色防控、深翻改土、膜下滴灌、有机肥施用等标准化技术。在品种方面，全县年引进推广新品种100个以上，农业生产品种不断丰富、种类不断更新、品质不断提升，良种化水平得到全面提高。在农业科技服务体系方面，建立了县、镇、村三级农技推广服务网络，全县现有农技推广服务机构24个，拥有专业技术人员407人，其中高级职称27人，中级职称57人。

2.1.8 农业经营体系逐步完善

M县培育市级以上农业产业化龙头企业56个，农业产业化龙头企业达141个，从业人数达9610人，带动农户5.56万户。积极培育新型农业经营主体，累计培育农民专业合作社2323家，辐射农户3.2万户，创建示范性专业合作社237家。培育认定家庭农林场182家，创建示范性家庭农场29家。M县工业集中区被省工信委批准为省级循环经济试点园区，入驻农产品加工企业43户，引进了中天羊业50万只肉羊精深加工、好天缘万吨果蔬精深加工、生平永泰2万吨鲜椒酱加工、紫轩酒业5万吨葡萄酒生产等一批农产品精深加工重大项目，打造了集肉类食品、有机绿色瓜菜、特色林果产品、中药材加工的产业群。大力推广“贮藏加工+运输销售”营销模式和“企业+专业合作组织+基地+农户”产业化模式，着力提升农业产业化经营水平。

2.1.9 品牌建设与营销体系不断健全

M县积极申报产品“三品一标”，共有56个农畜产品获得了“三品一标”认证。羊肉、蜜瓜、甘草、酿造葡萄、红枣、枸杞6个产品通过国家地理标志保护产品。“沙香源”“青土湖”“漠峰”“腾格里”“沙城”“沙井饴”“小南仁”等申请注册了品牌商标。兴宝公司、腾格里公司生产的枸杞、红枣系列产品获得中国绿色食品发展中心“绿色食品A级产品”认证。兴宝公司“沙香源”和天盛公司“嘉苁”荒漠肉苁蓉获“G省名牌”产品荣誉称号。中天羊业质量信用等级AA级企业评价、凯伟公司质量信用等级A级企业评价通过省质监局审核和专家组考核。在营销方式方面，农业经营主体不断创新营销手段，目前全县在淘宝等第三方电商平台开设店铺820个，葵花籽、羊肉、蜜瓜、人参果、沙葱、红枣、枸杞、锁阳、苁蓉等360多种产品通过网上销售。引进苏宁易购、京东商城、集群E家、2688、尚景捷讯、万颗商城、善融商务等10家电商平台设立体验店。培育本地电子商务企业31家。2017年，电商交易额达5亿元，其中农产品网上销售额3.2亿元，同比增长16%。

2.2　发展瓶颈

2.2.1　传统小农生产限制了节水农业的进一步发展

受水资源短缺约束，M 县农民人均配水耕地 2.5 亩，户均耕地 10 亩左右。近年来，随着土地流转速度的加快，土地不断流向种植大户、家庭农场和合作社等新型经营主体，但是总体上来说，种植规模化程度仍然较低。根据本书编委会成员在各个乡镇的调研数据，50 亩以上的规模户所占比例不足总量的 40%，200 亩以上的规模户所占比例不足总量的 15%。

按照节水设备投入与节水支出减少、收益增加等投入收益关系估算结果，结合受访农户当前水资源配额和经营制度条件，M 县滴灌等高效节水设备推广应用门槛为 200 亩左右。由此看来，按照当前的规模化水平，节水设备的推广应用受到极大限制，可以说传统小农生产限制了节水农业的进一步发展。

2.2.2　主导产业不突出、链条不完整、产品附加值低

M 县农业种植品种多，结构复杂，主导产业不突出，小麦、玉米等传统耗水作物种植面积大。2017 年葵花籽播种面积最多，为 16.2 万亩，占总播种面积的 24.1%，小麦、玉米播种面积分别为 8.86 万亩、15.44 万亩，共占总播种面积的 32.6%，大田瓜菜和设施蔬菜占播种面积的 10.2%。在加工业方面，加工企业以初级加工为主，针对 M 县地方特色鲜明的产业，如瓜菜、肉羊、茴香等产业的加工企业数量少，精深加工企业几乎没有，主导产业链条短、不完整，产品多以初级形式外销，附加值低。

2.2.3　品牌化营销进程缓慢导致产品优质不优价

品牌是重塑农业价值的“利器”，是推进农业结构战略性调整、赢得竞争新

优势、促进高效现代特色农业发展的重要途径。创建农产品品牌，更好地参与市场竞争是农业发展的必然趋势。M县特色农产品丰富，主导产品蔬菜、羊肉更是优质。部分经营主体将产品送到权威第三方机构检测，结果显示产品质量完全达到有机认证标准。目前绝大多数农业生产经营主体农产品品牌意识仍然较为淡薄，在长期经营中形成"重数量轻质量"的思想，缺乏品牌形象实力的营造，将品牌仅仅视同为商标，大多是注重品牌的识别功能和促销功能，将其打造成名牌的意识不强，不能有效地开展品牌经营。品牌创建工作仅停留在申请商标等表面，相关配套设施和政策没有落实到位，虽然培育出了一些农产品自有品牌，但总体上还是数量少、知名度低、影响力小，未能真正形成品牌优势和溢价效应。

2.2.4 农业多功能拓展不够，新业态发展相对滞后

拓展农业多功能，推进农村一二三产业融合互动是农业农村发展的必然趋势。农业发达国家和地区的实践证明，以农业为基本依托的一二三产业融合发展，有利于吸引现代要素改造传统农业实现农业现代化，有利于拓展农业功能培育农村新的增长点。到目前为止，M县农业发展与二三产业联动不足，农业生产、农产品加工和销售、餐饮、休闲体验、会展以及其他服务业未能有机地整合在一起，农业产业链短，功能单一，拓展不够，业态单一，文化挖掘不够，农村一二三产业之间联系不紧密。

2.2.5 利益联结机制不紧密，农户难以分享二三产业增值收益

近年来，M县农民专业合作社发展迅速，"公司+合作社+农户"等模式不断涌现，有效提高了农户组织化程度，但在实际运作过程中，并未形成成熟的利益联结机制，稳定的合同和订单模式、入股定期分红、二次返利机制成功案例不多，土地、资本、技术等多要素复合、利益共享机制发展缓慢。在整个利益联结体系中，种养环节的经营主体仍然以农户、家庭农场及合作社为主，在产业链上位于上游，在利益链条上处于弱势地位，是契约、规则的接受者而非制定者，更多的时候被动做出让步。

2.2.6 农业科技人才与农村带头人缺乏

科技是第一生产力，人才是第一资源。M县在农业发展过程中，瓜菜、草牧业等产业初具规模，但实际调研发现，各乡镇几乎都反映相关产业的科技人才跟不上，产业发展过程中遇到的问题全凭经验或者多方打听解决，没有成熟的指导队伍，严重影响了经营者进一步扩大再生产的信心。

大量调查发现，农村带头能人对农村产业的发展有着不可忽视的作用。然而，由于农业生产比较收益低，大量农村人口外出打工，M县农村青壮年流失严重，农业劳动力老龄化现象突出，平均年龄在55岁以上，创新创造能力相对较弱，带头能力不强，亟须加大政策支持，多方式、多渠道吸引返乡创业人才，培育带头能人。

2.3 发展机遇

2.3.1 国家系列扶持政策为M县农业产业发展提供了重要支持

农业产业是国民经济建设与发展的重要基础，也是实施乡村振兴战略的关键支撑。农业产业的充分发展事关实现“两个一百年”奋斗目标，事关中华民族永续发展。国家各部门十分重视农业产业的发展，相继出台了“推进农业高新技术产业示范区建设”“推进农村一二三产业融合发展”“开展农业产业化示范基地提质行动”“开展国家现代农业产业园创建工作”“实施农产品加工业提升行动”“开展休闲农业和乡村旅游升级行动”等系列政策文件。这些文件的出台，有效推动了农业产业发展和现代化进程，也无疑为M县农业产业发展提供了良好的宏观背景。

2.3.2 现代健康膳食理念为 M 县农业产业带来了发展空间

随着我国城乡居民生活水平的提高，人们对农产品质量要求越来越高，尤其是纯天然绿色有机农产品消费已经成为人们追求的一种时尚。可预见的未来，绿色有机农产品将逐步由少数居民消费为主转向全民性消费、由区域性消费转向全国性消费、由季节性消费转向常年性消费、由传统单一消费方式转向多渠道多元化消费，消费量将快速增长。M 县地理环境独特，适宜种植生产绿色有机农产品，在现代健康膳食理念推动下，将为 M 县农业产业发展带来广阔空间。

2.3.3 农业科技进步为 M 县农业产业发展提供了重要保障

科技是第一生产力。自党的十八大以来，农业科技取得了长足的发展和进步，自主创新能力不断提高，成果转化进一步加快，体制机制改革进一步深化，以 50 个主要农产品为单元，以产业为主线，组建了产业技术体系，发挥了非常好的作用。2017 年农业科技进步贡献率已经达 57.5%，主要农作物耕种收综合机械化水平超过 65%，主要农作物良种覆盖率稳定在 96%。我国农业科技的进步，为 M 县发展节水高效现代农业提供了强有力的保障。

第二篇　战略篇

第3章　对比：经验、模式与启示

M县和以色列东南部有着类似的气候条件，同属大陆沙漠气候，年均降水量不足200毫米，蒸发量都超过2500毫米。以色列凭借先进的技术在沙漠中孕育出现代农业奇迹，水果、蔬菜、花卉不但满足自身需求还大量出口欧洲，被称为“欧洲的菜篮子”，2014年以色列人均GDP世界排名第26，位居全球第三大经济体日本之前。在人口密度大、耕地面积少、水资源稀缺等十分困难的条件下，以色列从一个既缺水又缺耕地的沙漠小国，发展成为一个年出口10多亿美元新鲜农产品和加工食品的发达国家，走出了一条独具特色的，依靠科技进步，因地制宜、集约高效地利用资源的现代高效节水农业发展道路，并成为推动全国经济发展的杠杆。系统分析、总结以色列资源节约型现代农业发展历程及其经验，对于M县农业发展具有重要的借鉴意义。

3.1　M县农业发展基础条件

3.1.1　地形地貌

M县地势南高北低，全县最高海拔1936米，最低海拔1298米，平均海拔

1400 米，东西北三面被沙漠包围，由沙漠、低山丘陵和平原三种基本地貌组成。

3.1.2 气候条件

M 县属温带大陆性干旱气候区，四季分明，冬寒夏暑，气候干燥，降雨稀少，太阳辐射强，日照时间长，昼夜温差大。平均气温日较差 14.3℃，年平均气温 8.8℃，年平均日照时数 3134.5 小时，年平均降水量 113.2 毫米，年平均降水日数 79 天，集中在每年 6~9 月，年均蒸发量 2675.6 毫米。无霜期年平均 152 天。县域内地势平坦，农业灌溉条件优越，县域内无工业污染，隔离条件好，是发展设施蔬菜、优质林果、肉羊养殖的最佳区域之一，是全国有名的“肉羊之乡”“蜜瓜之乡”。

3.1.3 水资源

2017 年，蔡旗断面和井口可供水量 4.0552 亿立方米，折算到出库和井口可供水量为 3.5912 亿立方米。其中，2017 年地表水蔡旗断面过水量按 2.9 亿立方米，折算到出库可供地表水量为 2.436 亿立方米；全县地下水控制用水总量为 1.1552 亿立方米。依据各乡镇和村社确认的种地人口，按照人均享用土地的原则，人均核定农田灌溉配水面积 2.5 亩，2017 年全县斗口井口平均配水定额确定为 410 立方米/亩，农田灌溉 21974 万立方米，占总配水量的 61.19%。

3.1.4 土地资源

M 县幅员 1.58 万平方公里，2017 年耕地面积 87.84 万亩，占全县总面积的 3.7%，戈壁荒漠面积比重大。耕地土壤共有灌淤土、潮土、灰棕漠土、盐土、草甸土和风沙土 6 个土质种类，28 个亚类，33 个土种，土壤层较薄，表 3-1 详细列出了 M 县 17 个镇大部分村土壤类型，有机质含量以及土壤有效养分含量数值。

表3-1　M县各镇土壤类型及有效养分含量

乡镇名	村名	土类	亚类	土属	土种	海拔高度（米）	土壤pH值	有机质（克/千克）	全氮（克/千克）	有效磷（毫克/千克）	速效钾（毫克/千克）	缓效钾（毫克/千克）	有效铜（毫克/千克）	有效锌（毫克/千克）	有效铁（毫克/千克）	有效锰（毫克/千克）	有效硼（毫克/千克）	有效钼（毫克/千克）	有效硫（毫克/千克）	有效硅（毫克/千克）
乡镇1	村1	灌淤土	灌淤土	盐化灌淤土	薄层盐化灌淤土	1348	8.66	11.00	0.66	23.0	155.0	845	0.97	2.40	16.4	8.9	0.93	0.130	34.6	189
	村2	灌漠土	灌淤土	绿洲灌淤土	轻盐化薄立土	1367	8.55	9.52	0.55	12.4	98.1	585	0.72	1.20	12.5	6.7	0.78	0.280	82.6	133
	村3	灌漠土	绿洲灌漠土	薄层绿洲灌漠土	薄立土	1359	8.77	9.60	0.55	22.4	108.0	673	0.92	0.97	14.5	7.5	0.79	0.093	86.5	225
	村4	灌漠土	绿洲灌漠土	薄层绿洲灌漠土	薄立土	1358	8.44	11.80	0.74	24.5	84.5	676	1.00	1.20	13.6	7.7	0.89	0.077	96.1	172
乡镇2	村5	灌淤土	灌淤土	绿洲灌淤土	薄层灌淤土	1337	8.78	9.04	0.55	22.9	138.0	723	0.87	2.10	12.8	7.7	0.83	0.120	16.3	185
	村6	灌漠土	灌淤土	绿洲灌淤土	轻盐化薄立土	1337	8.60	10.80	0.64	22.6	127.0	811	0.95	0.54	17.8	7.8	0.67	0.093	20.8	214
	村7	灌漠土	灌淤土	绿洲灌淤土	薄层灌淤土	1326	8.63	11.60	0.72	21.0	163.0	889	1.20	1.10	15.6	8.9	1.00	0.180	47.2	299
	村8	灌漠土	灌淤土	绿洲灌淤土	薄层灌淤土	1340	8.48	11.00	0.71	24.6	167.0	793	0.88	1.10	13.2	7.4	0.98	1.100	50.9	224
乡镇3	村9	灌漠土	绿洲灌漠土	厚层绿洲灌漠土	厚立土	1333	8.07	10.70	0.69	19.5	192.0	938	0.97	0.38	8.8	9.8	1.10	0.180	265.0	317
	村10	灌漠土	绿洲灌漠土	厚层绿洲灌漠土	厚立土	1337	8.45	10.60	0.68	29.2	114.0	775	0.94	1.30	16.3	8.7	1.40	0.098	103.0	278
	村11	灌漠土	绿洲灌漠土	厚层绿洲灌漠土	厚立土	1338	8.39	10.70	0.60	30.0	204.0	773	0.69	1.60	11.1	9.4	1.30	0.094	144.0	252
	村12	灌漠土	绿洲灌漠土	厚层绿洲灌漠土	厚立土	1342	8.43	11.20	0.66	36.6	108.0	737	1.00	1.30	17.6	10.1	1.10	0.099	119.0	193
乡镇4	村13	风沙土	荒漠风沙土	固定风沙土	固定风沙土	1470	8.36	9.99	0.58	40.8	227.0	908	0.65	1.50	11.2	6.9	1.20	0.230	60.8	357
	村14	风沙土	荒漠风沙土	半固定风沙土	半固定风沙土	1471	8.72	7.87	0.45	34.0	231.0	674	0.37	0.95	10.9	7.1	0.71	0.110	27.0	237
乡镇5	村15	风沙土	荒漠风沙土	流动风沙土	流动风沙土	1315	8.62	8.26	0.51	24.0	115.0	628	0.77	1.10	14.0	8.9	0.83	0.110	26.0	190
	村16	风沙土	荒漠风沙土	流动风沙土	流动风沙土	1311	8.42	8.15	0.52	77.7	89.4	710	0.78	1.40	12.3	5.4	1.50	0.062	290.0	199
	村17	盐土	草甸盐土	草甸盐土	草甸盐土	1304	8.85	8.59	0.49	12.8	112.0	690	0.93	1.30	14.7	8.5	0.73	0.094	27.6	184
	村18	灌漠土	灰灌漠土	薄层灰灌漠土	薄层灰立土	1306	8.56	12.10	0.77	83.6	289.0	949	0.99	2.00	15.7	10.4	1.50	0.058	120.0	228
	村19	灌漠土	灰灌漠土	薄层灰灌漠土	灌漠土	1307	8.63	11.30	0.62	26.0	111.0	785	0.88	2.00	13.0	7.1	0.92	0.110	81.6	213

续表

乡镇名	村名	土类	亚类	土属	土种	海拔高度（米）	土壤pH值	有机质（克/千克）	全氮（克/千克）	有效磷（毫克/千克）	速效钾（毫克/千克）	缓效钾（毫克/千克）	有效铜（毫克/千克）	有效锌（毫克/千克）	有效铁（毫克/千克）	有效锰（毫克/千克）	有效硼（毫克/千克）	有效钼（毫克/千克）	有效硫（毫克/千克）	有效硅（毫克/千克）
乡镇6	村20	潮土	潮土	灌淤潮土	灌淤潮土	1420	8.70	10.50	0.73	17.5	66.5	868	1.20	3.00	16.0	7.4	0.95	0.130	17.5	208
	村21	潮土	灌淤潮土	潮土	漏沙潮土	1420	8.69	10.40	0.70	38.7	153.0	737	0.75	3.00	13.4	7.0	1.30	0.078	52.3	193
乡镇7	村22	灰棕漠土	灰棕漠土	灰棕漠土	灰棕漠土	1350	8.50	14.70	0.89	42.2	275.0	860	1.10	2.20	17.3	9.3	1.30	0.120	43.1	192
	村23	风沙土	荒漠风沙土	流动风沙土	流动风沙土	1350	8.45	12.50	0.82	37.0	162.0	867	1.10	2.40	17.1	8.5	0.87	0.110	62.2	179
	村24	风沙土	荒漠风沙土	流动风沙土	流动风沙土	1351	8.49	9.96	0.64	33.0	95.6	649	0.65	1.20	11.7	7.7	1.10	0.120	110.0	259
	村25	灌漠土	灰灌漠土	灰灌漠土	灰灌漠土	1355	9.63	12.20	0.78	22.9	82.0	682	0.87	0.46	15.9	6.4	1.20	0.110	58.1	178
	村26	灌漠土	盐化灌漠土	盐化灌漠土	盐化灌漠土	1362	8.53	15.20	0.96	37.7	152.0	845	1.40	0.80	18.3	9.3	1.20	0.100	51.0	179
	村27	风沙土	固定风沙土	耕种固定风沙土	耕种固定风沙土	1362	8.85	9.60	0.51	20.1	158.0	687	0.77	0.37	11.4	5.8	0.97	0.100	73.9	267
乡镇8	村28	灌淤土	灌淤土	绿洲灌淤土	厚层灌淤土	1359	8.69	13.90	0.84	30.3	185.0	881	1.00	2.90	16.3	7.8	1.30	0.077	30.7	201
	村29	灌漠土	灰灌漠土	灰灌漠土	灰灌漠土	1354	8.42	12.70	0.80	40.7	131.0	758	0.85	0.98	13.7	7.5	1.70	0.064	159.0	200
	村30	灌漠土	灰灌漠土	灰灌漠土	灰灌漠土	1358	8.47	7.37	0.45	18.0	86.6	684	0.48	1.00	8.6	6.4	0.88	0.300	215.0	342
	村31	风沙土	荒漠风沙土	半固定风沙土	半固定风沙土	1367	8.63	13.60	0.80	34.3	176.0	940	1.10	1.70	15.6	8.7	0.91	0.110	48.6	181
乡镇9	村32	灌漠土	灰灌漠土	灰灌漠土	灰灌漠土	1361	8.72	10.30	0.64	33.7	117.0	771	1.10	2.00	14.2	6.5	0.99	0.095	21.6	201
	村33	潮土	盐化潮土	盐化潮土	盐化潮土	1336	8.39	12.20	0.75	63.1	219.0	798	0.78	1.70	12.2	6.6	1.50	0.087	239.0	210
	村34	草甸土	盐化草甸土	盐化草甸土	盐化草甸土	1342	8.70	11.60	0.81	52.0	143.0	1080	1.20	2.30	17.5	7.2	1.20	0.110	52.5	247
乡镇10	村35	灌淤土	灌淤土	绿洲灌淤土	厚层灌淤土	1368	8.41	13.00	0.82	90.4	141.0	853	1.20	2.10	15.8	7.2	1.50	0.084	98.9	198
	村36	灌淤土	灌淤土	绿洲灌淤土	厚层灌淤土	1366	8.33	14.70	0.78	9.7	191.0	849	1.20	2.70	16.0	8.5	1.10	0.120	321.0	174
乡镇11	村37	灌漠土	灌淤土	绿洲灌淤土	薄层灌淤土	1418	8.56	8.17	0.49	51.9	69.5	466	0.29	0.58	13.9	5.6	0.83	0.044	44.4	143
	村38	潮土	潮土	灌淤潮土	退化潮土	1322	8.64	13.70	0.85	34.0	198.0	932	0.96	1.00	15.4	13.8	1.30	0.110	89.7	202
	村39	灌淤土	灌淤土	绿洲灌淤土	薄层灌淤土	1331	8.37	10.60	0.63	37.9	122.0	785	0.86	1.20	13.0	5.6	1.10	0.100	243.0	199
	村40	潮土	潮土	退化潮土	盐化退化潮土	1320	8.48	10.10	0.62	43.4	165.0	752	0.77	1.50	13.8	6.2	0.91	0.093	79.4	205

续表

乡镇名	村名	土类	亚类	土属	土种	海拔高度（米）	土壤pH值	有机质（克/千克）	全氮（克/千克）	有效磷（毫克/千克）	速效钾（毫克/千克）	缓效钾（毫克/千克）	有效铜（毫克/千克）	有效锌（毫克/千克）	有效铁（毫克/千克）	有效锰（毫克/千克）	有效硼（毫克/千克）	有效钼（毫克/千克）	有效硫（毫克/千克）	有效硅（毫克/千克）
乡镇12	村41	灌淤土	灌淤土	绿洲灌淤土	薄层灌淤土	1313	9.08	6.70	0.39	25.6	77.9	617	0.57	1.20	12.9	6.5	0.75	0.086	16.7	199
	村42	潮土	潮土	灌淤潮土	退化潮土	1309	8.75	6.86	0.41	49.3	118.0	747	0.71	0.97	13.0	4.9	1.50	0.077	213.0	249
	村43	潮土	潮土	灌淤潮土	退化潮土	1303	8.51	8.70	0.50	89.3	129.0	781	0.81	1.20	14.4	4.5	1.50	0.081	178.0	239
	村44	灌淤土	灌淤土	绿洲灌淤土	薄层灌淤土	1318	8.51	10.40	0.64	34.1	97.0	775	0.95	1.10	15.2	5.2	0.93	0.067	125.0	184
乡镇13	村45	灌淤土	灌淤土	沙化灌淤土	薄层沙化灌淤土	1440	8.51	12.70	0.80	34.0	174.0	672	0.66	2.40	14.9	8.5	1.10	0.076	50.0	246
	村46	灌淤土	灌淤土	绿洲灌淤土	厚层灌淤土	1450	8.46	21.10	1.10	35.1	76.6	504	2.00	1.90	33.9	10.4	1.00	0.089	89.4	173
乡镇14	村47	风沙土	风沙土	流动风沙土	流动风沙土	1367	8.44	14.00	0.93	37.7	186.0	975	1.40	1.00	13.6	9.1	1.10	0.210	74.1	451
	村48	草甸土	草甸土	盐化草甸土	盐化草甸土	1356	8.07	6.25	0.44	30.9	181.0	824	0.98	0.38	11.1	5.2	1.10	0.390	1383.0	243
	村49	灌漠土	灰灌漠土	薄层灰灌漠土	薄层灰立土	1362	7.96	9.15	0.57	17.6	101.0	756	0.65	0.28	10.0	5.0	0.76	0.190	1503.0	403
乡镇15	村50	灌淤土	灌淤土	绿洲灌淤土	厚层灌淤土	1370	8.41	10.30	0.67	24.3	139.0	775	1.10	1.30	16.4	7.5	0.99	0.190	63.4	317
	村51	灌淤土	灌淤土	沙化灌淤土	薄层沙化灌淤土	1386	8.66	8.70	0.61	39.2	83.5	718	1.00	1.70	15.4	8.1	0.50	0.092	18.4	153
	村52	灌漠土	灌淤土	沙化灌淤土	薄层沙化灌淤土	1371	8.66	12.20	0.74	3.5	98.2	708	0.78	0.64	13.3	6.7	0.98	0.089	84.8	179
	村53	灌淤土	沙化灌於土	薄层沙化灌於土	薄层沙化灌於土	1356	8.78	9.10	0.46	7.5	67.2	567	1.10	1.00	19.0	6.9	0.79	0.110	52.0	124
乡镇16	村54	灌淤土	灌淤土	绿洲灌淤土	薄层灌淤土	1306	8.67	12.40	0.77	55.6	147.0	954	1.20	0.56	22.5	12.3	0.83	0.053	24.6	202
	村55	灌淤土	灌淤土	绿洲灌淤土	薄层灌淤土	1303	8.51	9.43	0.62	42.9	181.0	873	0.86	1.20	12.8	9.2	1.20	0.077	188.0	218
	村56	灌淤土	灌淤土	绿洲灌淤土	薄层灌淤土	1307	8.72	7.81	0.44	16.7	85.8	741	1.20	0.91	16.1	6.7	0.55	0.180	82.9	117
	村57	潮土	潮土	盐化潮土	盐化退化潮土	1306	9.07	10.40	0.80	23.0	132.0	836	0.84	0.53	15.0	10.6	1.20	0.075	46.4	213
乡镇17	村58	潮土	潮土	灌淤潮土	退化潮土	1308	8.49	10.70	0.72	23.9	158.0	920	0.99	0.35	12.4	8.7	1.30	0.093	152.0	203
	村59	盐土	盐土	盐土	盐土	1326	8.78	8.48	0.52	21.4	185.0	705	0.67	0.82	16.1	7.8	1.50	0.063	153.0	274
	村60	灌淤土	灌淤土	绿洲灌淤土	薄层灌淤土	1316	8.35	10.40	0.69	21.5	114.0	757	0.84	0.68	11.4	8.4	1.10	0.074	202.0	158

资料来源：M县农牧局提供。

3.2 以色列农业发展条件

以色列是一个国土面积狭小、人口密度大、资源贫乏的国家，农业发展的人口、自然资源及环境条件极其不利。

3.2.1 人口密度大，农业劳动力不足

以色列人口已从1948年的几十万猛增到813万，人口密度近300人/平方公里，但农业人口和农业劳动力已减少至不足8万，不到总人口的1%。几乎所有的农作物在产前、产中和产后全过程均广泛应用农业机械，并从泰国等国引进劳动力从事常规农业生产。

3.2.2 农地资源少，自然质量差

以色列地处地中海东南角，国土面积209.1万公顷，土地贫瘠，有66%以上的土地是沙漠。以色列现有耕地及多年生作物面积43.7万公顷，占国土面积的20.9%。其中灌溉面积为25.55万公顷，占58.4%，其余为旱地，实际人均占有耕地仅0.054公顷，已经非常接近联合国粮农组织规定的人均0.053公顷的耕地警戒线。M县人均耕地面积0.15公顷①，约为以色列的2.8倍。而且以色列大部分耕地为风积、冲积性沙质土，平均土层厚度25~35厘米，前者保水能力弱、后者结构黏重，内格夫沙漠虽然面积广大，但尚未形成农业土壤。只有分布在北部滨海平原、加利高原及上约旦河谷地区的土壤比较肥沃，适于农业生产。因此，无论从耕地资源数量还是从资源质量来讲，以色列农业并不具备良好的条件，特别是不利于粮食作物生产。

---

① M县实有人口和耕地面积分别为269296人和625000亩。

3.2.3　温光资源充足，水资源稀缺

以色列属地中海式气候，热量充足（月均温 10℃以上，部分地区 20℃以上），时空分异明显。年日照时数可达 3200~3300 小时，居全球日照时数最高之列，农业活动可终年进行，这也为发展以园艺为主的精细农业奠定了基础。但其水资源却极度匮乏，严重缺水是以色列农业生产的一个重要限制因素。以色列农业全部依赖降雨（400~550 毫米），而且季节性强，降水集中在 11 月到翌年 4 月，在植物生长旺盛的夏季 6~8 月根本无雨，地下水少而深，且多为咸水，干旱胁迫严重，丰富的温、光资源并没有成为气候资源优势。此外，以色列降雨量地域分布也极不均衡，全国 50%的地区年降水量在 150 毫米以下，广大内吉夫沙漠地区降水仅为 120 毫米。虽然全国降水总量达 48 亿立方米，但是约 65%的降水被蒸发掉，5%的降水汇入海洋或难以利用，仅剩下 30%的水资源（约 5 亿立方米）可供利用，人均拥有 270 立方米，仅为世界人均水平的 3.6%①，是 M 县人均水资源的 26%②，换言之，M 县人均水资源占有量约为以色列的 3.8 倍。因此在耕地资源严重不足，土壤贫瘠，水资源极度匮乏的条件下，发展节水型农业成为以色列农业的必由之路。特别需要指出的是，以色列把发展节水型农业的重点放在出口创汇上，旨在使每立方米的水资源产生最大的经济效益。

3.3　以色列农业现代化历程

总的来看，以色列农业现代化建设大致经历了以下三个发展阶段。

---

① 世界人均水资源 7500 立方米，中国人均水资源 2100 立方米。

② M 县人均水资源为 1025 立方米，按照人均 2.5 亩，每亩地 410 立方米水计算得出。

3.3.1 农业发展快速起步阶段

这一阶段为从1948年到20世纪60年代末期。此阶段正是以色列的艰苦创业期，粮食及农副产品极其匮乏，大力发展农业及其相关产业成为以色列最初十年（1948~1957年）经济发展的最重要内容。

1948年，以色列仍处于战争环境，大量移民从国外涌入，经济面临巨大压力，农业生产成了当时经济恢复和发展的支柱。在军事开支负担沉重的情况下，以色列仍优先满足农业投资，1949~1957年，农业投资占国内投资总额的24%，高于同期对制造业的投资。1953年制定的农业发展七年规划中，指出要把农业建立在自给自足的基础上。为此，政府不断加强对农业基础设施的投入，在全国垦荒、兴建定居点，改善农业生产条件以增加粮食生产，实现粮食和农副产品自给自足。

从20世纪50年代开始，以色列农业经历了大起步、大发展，在重视粮食生产的政策指导下，以色列粮食作物的产量也取得了较大提高，谷物产量从1950年的6万吨增加到1969年的19.7万吨，增长了2倍多。其中，小麦由2.12万吨增加到15.58万吨，增加了6.3倍。在“优先发展农业”的战略思想指导下，以色列种植业形成了以粮食生产为主的自给自足主导型结构。从1952年开始引种棉花，以色列用10年时间就解决了穿衣问题——棉花单产世界第一，出口创汇仅次于柑橘。1953年又开始兴建北水南调工程，全力开发和改造沙漠。

此外，以色列在农业种植上的特点是；尽量实行多样化，以粮食生产为主，同时兼顾其他作物生产。主要农产品有小麦、大麦、玉米、高粱、豆类、饲料作物等，同时也生产棉花、甜菜、烟草等经济作物，果园面积较大，但蔬菜、花卉种植不多。

3.3.2 滴灌和喷灌技术推动下的快速发展阶段

20世纪60年代初，以色列土地开垦趋于饱和，沙漠改造缓慢，农业单产徘徊不前。为此，以色列开始探索科技发展农业的新路子，特别是20世纪60年代中期，以色列自行研制了一套适合干旱地区农业生产的现代化程控灌溉技术——滴灌和喷灌，滴灌技术发明以后，国家立即大力扶持，农业革命找到了新的突破口。

特别是自20世纪70年代以来，大力推广节水技术，根据作物种类和土壤类型设置滴灌控制系统，滴灌面积发展很快，水肥利用率达80%~90%，农业用水减少了30%以上，节约肥料30%~50%，田间用水效率显著提高，在滴灌系统下，番茄单产可达100~150吨/公顷，比传统灌溉方式下提高了7~12倍，单位土地面积增产5~12倍，每立方米水平均增产2.32千克。

管道输水和滴灌技术的成功应用，使以色列的灌溉面积从16.5万公顷增加到22万~25万公顷，耕地增加到44万公顷。但单位土地的用水量却不增反降，由1949年的8567立方米/公顷下降到1998年的5250立方米/公顷。另外，优选农作物，积极培育和推广园艺作物滴灌技术，促使农产品产量成倍增长，沙漠改造突飞猛进，可耕地持续增加，农业面貌得到根本改观。

3.3.3 农业结构调整与现代化阶段

以色列种植结构的发展演变经历了两个阶段，标志着以色列农业结构由低级向高级、由不合理向科学合理化的演变过程，其转折点是20世纪70年代。70年代以前，以色列发展的是以粮食生产为主的自给自足型种植业，1969年以色列种植业用地面积为37.9万公顷，占耕地总面积的91.7%，其中粮食作物种植面积达26.74万公顷，占种植业用地面积的70.6%，园艺作物用地面积仅为11.16万公顷，占种植业用地面积的29.4%。70年代以后，以色列发展的是以园艺业出口为主的种植业，通过出口创汇达到以农养农的目的。

从20世纪70年代开始，根据国际市场需要和本国的自然条件，以色列政府对农业结构进行了大幅度调整，减少粮食作物播种面积，集中力量发展经济效益高的水果、蔬菜和花卉生产，即从以粮食生产为主，逐步转向发展高质量花卉、畜牧业、蔬菜、水果等出口创汇农产品和技术，建成了一整套符合国情的节水灌溉、农业科技和工厂化现代管理体系，形成了独具特色的高投入、高科技、高效益、高产出的现代农业产业。一系列新技术在农业生产中广泛运用，不仅极大提高了劳动生产力，而且衍生出了诸如滴灌、温室、种子、加工、储藏、保鲜以及计算机控制等越来越多的领域和行业，使农业发展成为具有高度社会化分工的现代产业，走出了一条可持续发展的现代化之路。国内农产品不仅可以满足全国813万多人对食品的需求，每年还有大约10亿美元的农产品外汇收入。目前，以色列每头奶牛年产奶高达10500公斤；年均鸡蛋产量280个；玫瑰花每公顷年产300余万枝；棉花亩产达1200斤；柑橘每公顷年产80吨；每立方水域养鱼的产量也高于500公斤；灯笼辣椒、黄瓜、茄子等蔬菜单产均为世界最高。

以色列已步入农业现代化进程，其水利化、机械化、化学以及生物化、电子化水平和组织化程度等都比较高，尤其在兴修水利、改造沙漠、培育新品种、提高劳动生产率等方面取得了很大进展，集中体现为品种布局区域化、栽培技术集约化、生产管理科技化和产品服务市场化。

3.4 以色列农业与M县农业对比

3.4.1 农业用水

（1）水资源数量。

从水资源拥有量来看，无论是地均水资源拥有量还是人均水资源拥有量，M

县相较以色列更有优势。以色列全国人均水资源拥有量和地均水资源拥有量，分别为380立方米/人和3885立方米/公顷，而M县人均水资源拥有量和地均水资源拥有量，分别是以色列的2.7倍和1.58倍，然而以色列国民生产总值和农业生产总值远远高于M县，这至少说明未来M县农业发展潜力还是很大的。同属于缺水地区的我国新疆、河北的水资源条件与以色列相比，也均具有相当大的资源优势（见表3-2）。

表3-2 以色列同我国缺水地区水资源量对比

单位：立方米/公顷，立方米/人

指标	以色列	我国平均	W市	M县	G省	新疆	河北
地均水资源量	3885	24063	5869	6150	3134	20960	3194
人均水资源量	380	2355	820	1025	646	4596	280

数据来源：全国、G省、新疆、河北人均水资源数据来自国家统计局分省年度数据库；地均水资源量为计算数据，地均水资源=水资源总量/耕地面积，全国、G省、新疆、河北水资源总量数据来自国家统计局分省年度数据库，耕地面积来自国家统计局年度数据库。W市人均水资源量及地均水资源量均为计算数据，总量数据来自W市政府网，耕地面积数据来自2017年G省的相关发展统计年鉴。

从单位面积用水量来看，以色列有44万公顷耕地，总用水量为13亿立方米，平均每亩用水量197立方米，与此相对，M县每亩水配额为410立方米，是以色列的2倍。

（2）节水农业技术采纳。

目前，以色列严格按照作物生长的需求进行节水灌溉，80%以上的灌溉农田应用滴灌，10%为微喷，5%为移动喷灌，种植业产值90%以上来自灌溉农业，占耕地总面积44%的旱地农业的产值不足10%。与此相对，M县节水灌溉水平与以色列相比差距较大，具体表现为：居民节水意识尚未形成，灌溉用基础设施落后，对喷灌、滴灌、微灌等高效节水灌溉方式运用不足，农业灌溉用水水价普遍偏低，无法促进节水灌溉的普及与推广等。M县农田灌溉绝大部分采用大田漫灌、沟灌、畦灌，滴灌尚处于试验示范阶段，微喷和移动喷灌几乎没有。

滴灌比漫灌节水1/3~1/2，可以使单位面积土地增产1~5倍，水肥利用率高达90%，能有效防止土壤盐碱化和土壤板结。采用滴灌技术后，以色列农业用水总量30年来一直稳定在13亿立方米，而农业产出却翻了五番。滴灌这种封闭的输水和配水灌溉系统有效地减少了田间灌溉过程中的渗漏和蒸发损失，肥料和农药可同时随灌溉水施入根系，防止次生盐渍化，有效消除根区有害盐分，提高水肥利用率，不仅节水，而且省肥省药，同时也节约了传统灌溉的沟渠占地，使农田单位面积产量成倍增长。另外，滴灌技术不受风力和气候影响，对地形、土壤、环境的适应性强。

（3）水资源利用效益。

M县2017年单方水农业收入为10.22元/立方米①，而以色列最近年度单方水农业收入为19.53元/立方米，基本上是M县的1倍②。造成差距的主要原因：一是M县种植结构不合理，目前M县每个乡镇农作物种植结构雷同，种植作物种类繁多规模小，低附加值作物种植面积偏大，农业产值偏低；二是M县农业生产小而全，缺乏专业化分工；三是M县农业科技含量低，缺乏节水设施，同时由于M县灌溉定额较大，M县单方水效益远低于以色列。在以色列南部缺水的农田，小麦从来不灌溉，因为小麦的价格很低，珍贵的水只用来浇灌能带来较高产值的经济作物，如设施蔬菜、花卉、果园等。

1948年，以色列农作物种植尽量实行多样化，但是自20世纪70年代以来，以色列立足自身资源禀赋及国际农产品市场变化，根据水资源的相对丰缺，确定农作物的种植品种与规模，在严格用水管理和采用科学节水技术的基础上，农业种植开始由传统多样化种植向专门化生产转变，大力发展蔬菜、园艺作物。粮食生产的地位下降，而花卉、水果、蔬菜等生产迅速增加，出现了许多花卉、水果、蔬菜专门化农场。如今，以色列已形成了10个农业专业化生产区。北部滨

---

① 农业单方水收入=农业增加值/农业总用水量，2017年M县农业增加值为26.64亿元，按照M县2017年水资源分配方案农田灌溉配水量为2.5874亿立方米，畜禽配水量203万立方米，农牧业合计用水2.6077亿立方米。

② 农牧业用水量能查到的最新数据是2015年的（以色列国家统计局官网），按照2015的数据计算，以色列农业单方水收入收入为3.14美元/立方米（农业增加值350675万美元，农业总用水量111800万立方米），约合人民币19.53元/立方米。

海平原是以色列柑橘类水果生产的中心区；加利利山区则以生产橄榄和烟叶驰名；上约旦河谷的太巴列湖周围地区是农作物综合生产区，主要种植小麦、棉花、稻谷、花生、玉米和各种水果。南部地区正在推广“沙漠绿洲”计划，反季节生产品质优良的蔬菜、水果、花卉并供应欧洲市场。以色列还在水费收取方面实行严格的奖惩措施，引导农民们根据每立方米水能产生的最大经济效益来安排农业生产。

3.4.2 土地利用

以色列的土地利用结构是：耕地占21.50%，永久牧场（实际是植被稀疏的牧荒地）占40.24%，森林和林地占5.71%，其他占32.55%，这反映了干旱和半干旱地区土地利用的一般特征。与此相对，M县土地利用结构是：耕地占6.79%，永久牧场（基本草原面积）占65.15%，森林和林地占22.70%，其他占5.36%（见表3-3）。同以色列相比，M县耕地面积偏小，永久牧场、森林和林地面积偏大，其他面积较小。

表3-3 以色列与M县土地利用结构 单位：%

地区	耕地	永久牧场	森林和林地	其他
以色列	21.50	40.24	5.71	32.55
M县	6.79	65.15	22.70	5.36

资料来源：以色列数据来源于山仑于1999年在《水土保持研究》发表的《借鉴以色列节水经验发展我国节水农业》；M县数据来源于M县农牧局。

以色列耕地共有44万公顷，占国土面积的21.5%，大田作物为21万公顷，约占耕地的48%，其中小麦7万公顷，向日葵7.8万公顷，棉花2.85万公顷；其余耕地主要用于种植蔬菜5.5万公顷，果树5.2万公顷，柑橘2.8万公顷，花卉0.2万公顷。大田作物生产水平：冬小麦是最大宗的非灌溉作物（部分有补喷灌设施），平均单产2505~4200千克/公顷，在降水量500毫米左右的半干旱区已属高产水平；向日葵、棉花实行滴灌，平均单产分别为4500千克/公顷和1500~1800千克/公顷（皮棉），蔬菜中利用大棚（Green House）栽培的有2000公顷。

3.4.3 农业产业结构

以色列农业产值约为55亿美元，其中种植业占36.9%，畜牧业占63.1%，可见畜牧业的重要性。与此相对，M县2017年农业增加值约为26.64亿元，折合4.1亿美元，其中种植业18.11亿元，占73%，畜牧业6.53亿元，占27%，畜牧业所占比重过小。农牧结合、农畜并重是干旱地区农业经营的一般规律，在干旱地区要大力发展畜牧业。

总而言之，与以色列相比，M县农业发展还有较大的差距，主要表现在：农业规模化经营规模偏小，节水设施缺乏，节水水平难以提升；节水产业发展明显偏弱，农业产值较低；污水处理质量偏低，再生水循环利用不充分等。对M县来说始终要把节水作为根本性、标志性的工作来抓，在充分发挥现有农业发展优势的基础上，学习借鉴以色列农业成功经验，探索出荒漠绿洲节水农业发展的“M县模式”，打造干旱地区节水农业示范样板。下文将详细阐述以色列农业的经验和启示。

3.5 以色列农业经验

3.5.1 大力发展节水农业

以色列政府致力于通过开源节流解决水资源供需矛盾，力争以较少的水生产出更多的农产品。主要采取了以下农业节水措施和技术：

（1）推广普及滴灌和喷灌技术。

以色列提出了“节约每一滴水”和“给植物灌水，而不是给土壤用水”两个口号，严格根据作物生长需求，采用滴灌、喷灌技术，实行节水灌溉。在滴灌设备上安装监测器，运用生物技术、纳米技术以及计算机控制技术，组成水肥一体喷灌、滴灌和微喷灌、微滴灌系统，有效提高水资源利用率。滴灌技术可以使水的利用率（灌溉用水量和植物吸收水量之间的比值，称作水的利用效率）达95%，节水30%~50%，而漫灌、喷灌水的利用率只有45%和75%。滴灌不是灌溉土壤，而是灌溉植物的根系，减少了水分蒸发损失，另外，滴灌还可以使土壤保持良好的通气性，降低土壤盐化程度，减少杂草生长，大幅度减少农药的用量，节约资金和劳动力投入，从而降低生产成本。以色列进一步在滴灌技术中派生发展出埋藏式灌溉法，把管线埋在地下50厘米处，可以使水的有效利用率达85%。为田间作物设计的适用于大区域灌溉的散布式灌溉，水的利用率也达70%~80%。滴灌是最为理想的节水灌溉方式，设备维护得当可连续使用15~20年。

（2）加大循环水的使用力度。

以色列把工业与城市生活产生的污水，集中进行净化处理后，一次性用于农业生产灌溉。通过检测作物对污水中盐分、重金属离子等的耐受能力，城市的污水经过好氧塘处理，就可以用于灌溉对盐分耐受能力强的作物，城市废水回收再利用率达30%以上。以色列每年要把2.3亿立方米的净化水用于农业生产，占农业用水总量的19%。

3.5.2　强大的农业科教与推广体系

作为农业高度发达与集约化的原动力，以色列建有一整套强大的由政府部门（农业部等）、科研机构和农业合作组织（基布茨、莫沙夫）紧密配合的科研、开发与教育、推广服务体系，全国共有30多处从事农业科学研究的单位，3500多个高科技公司，不少大学也设有一些专业性研究单位。政府每年投入上亿美元的农业科研经费，占农业总产值的3%，相关公司用于研发的费用一般也达总收入的15%~20%。以色列农业科研的重点是沙漠改造，适合当地自然条件的农畜品种培育以及太阳能的利用，农畜产品的高产、高速繁殖和病虫害防治等。一系列工厂化栽培、滴灌、无土栽培、营养液配合滴灌、精准栽培等农业高新技术的开发与利用，不仅节约了土地，而且大大提高了农产品的产量与品质，如番茄产量每公顷达100~150吨、辣椒达15吨，甚至在温室中创造出每季每公顷收获300万枝玫瑰花的奇迹。

值得一提的是，以色列农业科研紧紧围绕生产，强调技术的实用性与经济效益。一方面，以色列新品种的选育，不仅能适应绿色无公害农业的要求，而且能最大限度地降低作物对农药和化肥的依赖，不仅增强了农产品的市场竞争力，而且推动了农机、灌溉设备、农药等大量技术与设备的出口。另一方面，以色列还非常注重科技成果的及时转化与推广应用。各项研究一旦取得成功，便通过技术推广服务站举办培训班、建立示范点，以实地讲解等方式迅速推广。以色列科研人员都是某个领域的专家，既为农业生产、经营者提供技术指导、咨询和培训，又是技术推广者和技术承包的实践者，他们与农户签订服务合同，帮助农民获得最大的经济效益。此外，以色列的农业企业家受教育程度普遍达到大专水平，十分重视市场化运作，不断研发更新产品，并分步骤投放市场。

以色列喷、滴灌技术现已推广到80多个国家。以色列光合作用仪和传感器技术出口到中国、日本、韩国等国家，尤其是以温室为代表的以色列集约栽培技术，不仅节水、节肥、省工、省地，而且优质、高产、安全，在世界各地得到了广泛推广和应用。近年来，以色列还将先进的计算机和信息技术应用到温室种植与农业机械化方面，实现了温室施水、施肥以及温度和作物生长环境的自动化控制，装有计算机和自动化装置的拖拉机则能完成从犁地、种植到收割的全套田间作业，以最经济的办法保持燃料消耗和操作速度。

3.5.3 政府高度重视与法制保障

农业的高速发展离不开政府的政策支持与法制保障。1948年后，以色列历届政府在政策、财政、信贷等方面出台了一系列有利于农业的倾斜政策与扶持措施，并逐步法制化、规范化。在政府的领导和协调下，各部门每年都对农业发展进行宏观统筹规划，确定发展重点，稳定增加农民收入；各级审计部门依法建立了包括自然灾害保险基金在内的国家合作运动基金和保险，以补偿自然灾害引起的农业损失；以色列农业和商业银行通过各种方式向农民提供资金支持；国营公司承担了诸如国外市场价格下跌等意外事件导致的出口风险和损失。

实际上，在以色列农业现代化和国际化的战略选择，资源节约型农业的管理和推进，科研、教育及推广机制的建立和完善，人力资源的开发与利用，农村合作组织的保护与支持等方面，都充分体现了政府调控的职能及其与市场主体相辅相成的关系。

另外，以色列特别重视法律的作用，倡导依法治水、治地，依法处理各类农业问题。以色列制定了《水法》《水井控制法》《量水法》等法律法规，宣布水资源为公共财产，对用水权、用水额度、水费征收、水质控制等都作了详细规定，并由专门机构进行管理。在土地管理方面，政府规定农业用地不能出售只能租赁，每次 49 年，可续租；政府还规定，包括兴建住宅在内的所有跟土地有关的开发计划，都要经国家土地管理局审批，以免滥用耕地。

3.5.4 注重环境保护和资源配置

以色列土地贫瘠、资源匮乏，1948 年后陆续制定了有关森林、土地、水、水井、水计量、河溪、规划与建筑等方面的法律法规，把水和土地作为最重要的资源严格计划使用。近年来，以色列环境部还先后制定了可持续发展战略规划以及一系列的资源与环境保护方面的法律法规，逐步建立起有限资源的“红线”制度。以色列比较注重采用经济手段和市场机制保护资源与生态环境，大力推行用水许可证、配额制及鼓励节水的有偿用水制。目前，以色列正在建立国家绿色核算体系并加强宣传，污染税、环境许可证制度、绿色标志等环保制度都是为了引导、鼓励绿色消费。显然，注重农业发展与环境保护和资源配置的统筹协调，是以色列农业发展的又一成功战略性举措。

其主要做法包括：一是在农业发展中处处注意维护生态平衡、维护生物链的自然连接；二是有计划地开发荒地、坡地和沼泽、滩涂以改善自然环境；三是通过增加植被种植，绿化沙漠，科学使用农药、化肥等改善土质土层结构；四是通过“三污”回收与治理以改善空气、环境和海水的质量；五是通过加利利湖水南送等北水南调工程改善全国的水资源配置。

另外，作为重要战略资源，以色列城市居民、单位和工农业生产用水都有指标控制。以色列是世界上循环水利用率最高的国家，污水利用率高达 90%，占农业用水的 20%以上。

3.5.5 高度组织化的农业合作与服务体系

以色列传统农业合作组织有两种：一种是自称为共产主义的吉布兹（Kibbutz），另一种是自称为社会主义的莫沙夫（Mashav）。全国约有吉布兹 270 个，莫沙夫 400 多个。政府对它们的管理主要体现在三个方面：一是补贴政策，吉布兹和莫沙夫所购买的农业设备，政府给予 40%的补贴，农业用水价格低于工业用水的 80%；二是土地使用权，土地所有权属于国家，吉布兹和莫沙夫仅拥有土地的使用权；三是吉布兹和莫沙夫所有的经营活动都要向国家纳税。

在传统农业向现代农业转化过程中，应运而生的还有农业劳动者联合组织和农产品合作销售组织等专业组织，尤其是各种专业协会。专业协会与政府间的关系是政府购买技术，与专业协会共同开展技术推广，形成一种联合型推广体系，他们与吉布兹和莫沙夫是一种服务和被服务的关系。目前以色列农业生产经营全部实行订单生产，吉布兹的农民只管精心种植，种植之外的加工、采购、财政、购销等繁琐的农业服务由区域合作组织承担，促使农产品顺利进入国内、国际市场，这也是以色列现代农业取得成功的关键因素之一。

3.5.6 农地资源的节约与高效利用

以色列耕地资源极为匮乏，但在人口不断膨胀的压力下，其耕地面积并没有明显减少，不仅解决了自己的“菜篮子”问题，还有大量农产品远销欧美市场。究其原因，一是主要得益于耕地资源的有效保护与高效利用以及沙漠改造计划的成功。为有效保护耕地，以政府自 20 世纪 80 年代就开始实施一项在荒山上成片开发配套设施齐全的住宅小区计划；在城市化时期，以政府又成功实施了区域发展战略规划，规划发展区域经济中心，以中心城市为龙头，带动周边中小城市的建设和发展，而不是一味地追求某些城市的扩大化，从而避免了城市的盲目扩张。二是扩大耕地面积，提高产出水平。1948年初期，以色列曾努力追求“粮食自给”，结果得不偿失；后来，以政府开始集中力量发展适合本国水土及气候条件，以及满足国际市场需求的高质量、高附加值水果、蔬菜、花卉、棉花等农产品，使资源优势真正转化为经济优势。三是半个多世纪以来，以政府通过“两步走”的方式成功实施了改造和开发沙漠的宏伟规划。如今以色列的可耕地面积已由1948年初期的10万公顷增加到44万公顷，灌溉面积从3万公顷扩大到26万公顷。

3.6 对M县农业发展启示

3.6.1 充分发挥科技的力量

以色列农业从种子、育苗、栽培、灌溉、施肥、收割、加工、储藏、温室等每个环节都努力追求最佳效益，形成了高度专业分工的科技密集型产业。M县地区未来可以在以下农业技术方面进行突破：

第一，滴灌技术解决缺水的问题。M县农业生产最大制约因素是水，滴灌技术可以有效提高水资源利用效率，控制农业用水量。

第二，生物技术提高农畜产品的产量和品质。运用各种生物技术，包括分子遗传学技术、基因工程技术、细胞和组织培养方法、遗传调节等，实现农牧业现代化。

第三，温室技术实现高附加值经济作物的稳定生产。温室技术可以实现优质蔬菜水果品种的种植，消除水果蔬菜淡旺季的限制。通过采用电脑自动控制水、肥和气候，自动调温、调湿、调气、调光，采用窗帘和天窗以及对阳光的自动反射系统，实现蔬菜、水果分批采摘，不影响下一年度生产，无大小年之分。

第四，废水循环技术打造节水农业发展的“M县模式”。建议M县政府投资兴建废水循环工程。借鉴以色列废水处理的良好经验，打造污水循环利用的“M县模式”。以色列的废水处理率高达75%，处理后的再生水通过指定输水管线，导入几十个分布于其南部沙漠用于农业灌溉的水库之中，对于沙漠改造计划的成功发挥了巨大的作用。另外，以色列政府实施的再生水地下回灌方式，利用天然渗漏河床进行污水回灌，既可以减少污水排放，又增加了水资源储量。

3.6.2 发展出口主导型农业产业

自20世纪70年代起，以色列政府根据本国资源情况，面向国际大市场逐步调整产业结构，减少了对土地资源要求较高的粮食作物的种植，集中力量发展对技术要求较高、对土地资源要求较少，但产值高的蔬菜、水果和花卉，利用季节差价开拓欧洲市场，实行以园艺生产为主的出口主导型农业结构，使宝贵的水土资源产生最大的经济效益。M县地区具有鲜明地域特色，通过长期农业生产实践，当地人民根据地区自然条件与农业特点，大力发展蜜瓜、茴香、甘草等具有地域特色的农业产业，今后M县地区应发展具有比较优势的出口主导型农业，促进地区农产品升级换代，推动农业产业结构的整体调整。同时，根据有机与绿色农业的发展需求，发展优质高端特色农业，积极占领国内外农产品市场。

3.6.3 大力发展农业产业化

与明确分工、专业经营、具有完善农业产业化体系的以色列相比，M县地区农业产业化程度与农民生产组织化程度均较低，没有形成完善的、系统的服务体系。要实现M县农业产业化，需要在市场导向下，延伸产业链，实施产业一体化经营战略，提升初级农产品的加工利用率，增加产品附加值，提高比较效益。未来，M县地区农业可从大宗农产品的深加工入手，推进农产品生产、加工、销售一体化，逐步将分散的农业纳入相对专业化、规模化的产业体系中，实现一二三产业的融合发展，加速传统农业向现代农业的转变。

3.6.4　建立健全农产品市场流通体系

通过合理规划区域，建设辐射各乡镇的农贸市场、超级市场和批发市场，促进现代物流业发展，普及信息化技术，提供技术支撑服务，着力构建完善的市场流通体系。通过完善的市场流通体系，有效连接生产者、国内外供销商、储运商、科研技术部门等，着力提高市场的集聚度与竞争力。

3.6.5　完善社会服务支撑体系

与具备完善的现代化农业分工体系的以色列相比，M县地区尚未形成专业化农业分工体系。要实现M县现代化农业分工，需要发展多种形式的农业社会化服务组织，向广大农民提供生产资料供应服务（包括提供种子、肥料、农药、机械设备、农机维修及农业信贷等方面的服务）、直接生产服务（包括农作物田间管理、病虫害防治、畜牧业和家禽的卫生防疫及农产品的收获服务等）和农产品运销加工服务（包括产品的收购、包装、运输、仓储、加工、出口及质量检测等服务）。现代化农业分工体系，不仅是推动农业现代化的有效途径，也是衡量农业现代化的重要标尺。

3.6.6　重视教育培训

以色列农技推广人员的主要工作场所是农场、田间、果园，而不是办公室。通过农技推广服务站举办培训班，建立示范点，进行实地推广，促使每一项农业新成果、新技术都能以最快的速度得到应用和普及。这种以生产引导科研、科研和生产相结合的农业科研推广体系具有很强的经济价值和实用价值。建议M县农技推广部门借鉴以色列成功经验，以农民乐于接受的形式，向农民提供实用性和操作性好的生产知识与技术，经常举办各类技术培训班，实地推广先进的农业科研技术，着力提升农民人力资本。

3.6.7　开拓国际市场

以色列政府把开拓国际市场作为首要战略任务。单个农户开拓国际市场十分困难，建议M县政府积极引导、鼓励企业或合作社与国际市场接轨，推动出口发展。建议政府向出口部门提供财政拨款与优惠政策，对于第一次打入国际市场的新品种给予补贴奖励，以保证产品在其出口的最初阶段就能获得利润，增强发展信心。

第 4 章　定向：产业选择与发展方案

4.1　产业选择原则

4.1.1　发展节水高效农业，符合“业—水”协调

M 县农业产业发展首先必须遵从节水高效要求，在业态选择方面，推动节水灌溉，促进设施农业发展，试验、推广抗旱节水新品种选育，利用闲置的戈壁、沙地、盐碱地和丰富的光热资源，发展特色有机农业、戈壁农业。

4.1.2　发挥地域禀赋优势，符合“业—地”协调

M 县农业产业选择必须充分发挥区域光热水土的自然资源优势，发挥好三面环沙的独特禀赋条件，发展有机农业，逐步培育和打造具有区域竞争力的高端有机农产品，为消费者提供高品质高附加值的产品。

4.1.3　立足区域现有基础，符合“业—人”协调

发展农业产业其根本目的是带动农民持续增收。M 县农业产业选择与优化过

程，要充分巩固当前优势产业，循序渐进地引导农民改变种植习惯和生产模式，做到业态发展与新农人的发展同步协调。

4.1.4 有效促进产业联动，符合“业—业”协同

在主导产业及其细分行业的选择过程中，注重产业链上下游环节有效配合，利于产业“溢出效应”发挥；在产业体系构建过程中，应该注重各产业之间的内在关联性，协同发展的同时，构建形成现代循环农业产业链。

4.2 产业确定与体系构建

4.2.1 产业选择

依据产业选择原则和 M 县农业产业发展基础，按照农业高质高效共融协调的建设理念，充分发挥农业生产功能和生态功能及其他多种功能，参考以色列等国家和地区农业产业体系特征，以单方用水效益最大化为目标，科学测算并确定 M 县未来要以设施瓜菜产业、现代草牧业为主导产业，积极发展戈壁农业，延伸产业链、提升价值链、优化供应链、构建循环链，发展农产品加工业，培育农旅产业和现代种业等新兴产业，配套建设有机肥业、现代物流业，发展生态绿色农业，提高用水效益。

4.2.2 产业体系

通过重点产业选择，确定了瓜菜产业、特色中药产业、现代花卉产业和现代草牧业为 M 县主导产业，未来围绕研发、生产、加工、流通（交易）、农旅全产业链布局，带动科技服务、信息服务、公共服务、旅游业等一系列关联产业以及现代物流业、商贸等一系列的配套产业，发挥产业的试验示范、科普教育、商贸

物流、休闲体验和度假旅游等功能，引导智慧农业、节水高效农业发展（见图 4-1）。

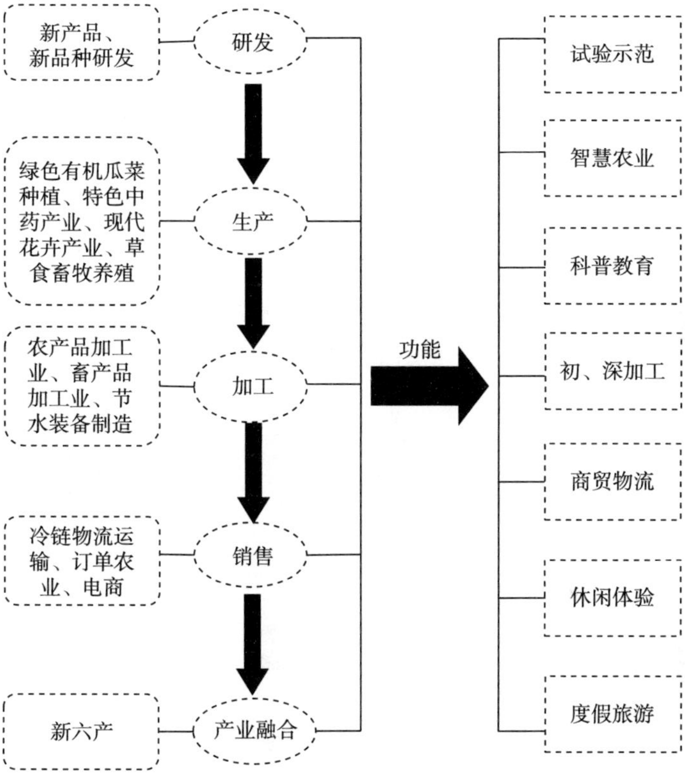

图 4-1　M 县农业主导产业及产业链

4.2.3　循环产业链

充分考虑 M 县资源环境承载力，以提高农业资源利用效率、实现农业农村生态环境可持续发展为目标，以节约化的资源利用、清洁化的生产过程、循环的产业链接、废弃物的资源化利用为手段，结合创新科技驱动、龙头企业带动、示范试点推动、一二三产业融合联动，逐步转变 M 县农业发展方式，构建最优循环农业发展体系，力争实现种养业内部小循环、乡镇中循环以及县域大循环发展，推进循环农业整体推进，实现 M 县乡村绿色振兴发展（见图 4-2）。

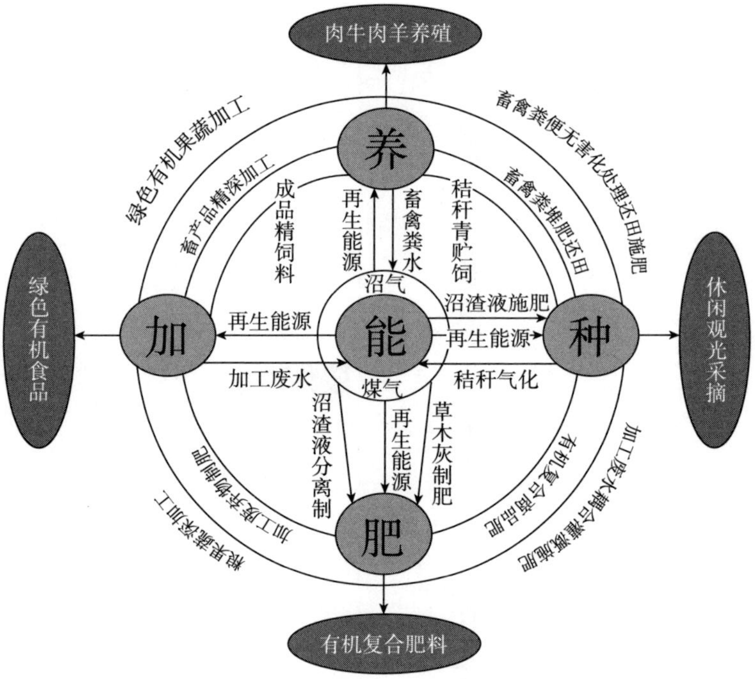

图 4-2 M 县农业产业循环链

结合 M 县农业发展现实情况，从减量化技术、再利用技术、资源化技术、系统化技术四个方面进行设计（见图 4-3）。其中减量化技术涉及节肥技术、节药技术等；再利用技术涉及农药废弃包装物回收加工再利用；系统化技术包括农作物轮作技术、农作物间套种技术（在大田作物规划中有详细内容）。生产方案设计最重要的是资源化技术，其中，秸秆资源化利用技术、畜禽废弃物的资源化利用技术、废旧农膜资源化利用技术都是目前 M 县发展循环农业的重中之重。

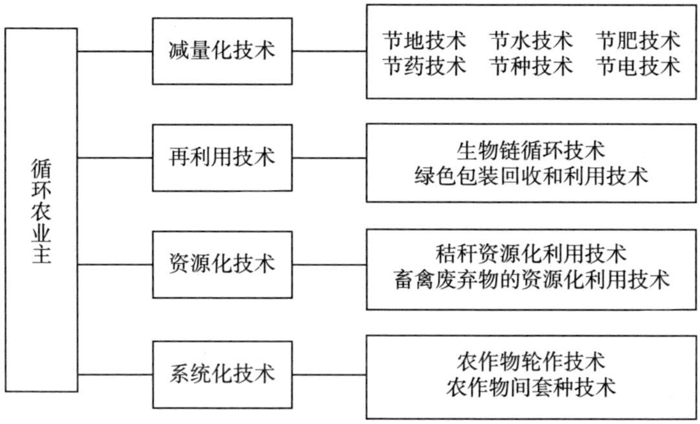

图 4-3　循环农业的主导技术

4.3　产业规模

水是 M 县农业产业发展的主要约束条件，为此，本书基于作物用水和单位用水效益最大化的视角，构建农作物生产模型、农作物总产模型等方法，确定设施瓜菜产业、牧草产业、大田作物的种植规模。

4.3.1　模型设定

关于水土资源优化配置的研究方法经历了较长的发展历程，形成了大量研究成果。最初的研究方法多为单一的数学规划法，主要有动态规划法（Provencher B 等，1994）、随机动态规划（Paul S 等，2000）、线性规划（Singh A 等，2012）、机会约束线性规划（Nieswand G H 等，1971）、非线性规划（Chiu 等，2010）。随着 1982 年在美国举行的“水资源多目标分析”会议和 1987 年“可持续发展”概念的提出，多目标规划被相继用于水资源优化配置中以协调经济、社会、环境、生态等系统的发展（Zheng F 等，2014），常见的多目标优化方法有目标权重法、灰色分析法、妥协约束法、熵权系数法、模糊优选理论、有序度熵模型、进化算法等（曹连海等，2014；Ma J 等，2004；周惠成等，2007）。随着计算机技术的飞速发展，新的优化算法应运而生，包括粒子群算法（陈晓楠等，2008）、遗传算法（Karamouz M 等，2010）、人工鱼群算法、模拟退火算法（侍翰生等，2013）、蚁群算法（Hou J 等，2014）。

农业水土资源优化配置问题涉及自然条件、水土资源开发利用的政策要求、国家和地区的经济发展、生态环境改善等，含有大量的不确定性因素，运用不确定性的优化理论进行研究是较为合理的做法。现有研究多以典型地区案例为载体，利用不同的方法对水土资源优化配置进行测算。Huang G 和 Loucks D P（2000）研究团队开发了一系列水土资源优化配置多重不确定性模型及相应解法；Li Y 等（2014）根据灌区实际情况，详细阐述如何利用 ITSP 模型对各作物进行优化配水，并将整合的模糊随机规划方法应用于灌溉水量优化配置实例研究中；张展羽等（2014）在人工鱼群算法的基础上，利用多阶段人工鱼群算法对建立的农业水土资源优化配置模型进行求解；李茉（2017）以黑河中游绿洲为研究对象，针对农业水土资源配置系统中存在的诸多不确定性，在明晰各尺度农业水土资源相互作用关系的基础上，构建适合不同尺度的农业水土资源优化配置不确定性模型体系并探讨其解法，具有很大的参考价值；赵建民（2018）以民勤县三个灌区为研究对象，从水资源合理利用的角度出发重点研究灌区尺度多要素协同提升的农业水资源优化配置方法与模型。

农业水土资源的优化问题已有较为丰富的研究，但大多是将水资源优化配置和土地资源优化配置两者分开进行研究，研究学者多为水利工程相关专业，主要从水土资源管理角度构建水土资源优化配置模型，研究方法多为工程管理领域应用的计量方法。本书从经济学角度切入，基于柯布-道格拉斯生产函数，根据农作物生产单方用水收益最大化实现条件，推导出“以水定土，以土量水”的水土资源优化模型。在对其进行实地调研数据的基础上，计算主要农作物成本收益，测算不同配水方案及水价情景下，农作物的最优种植面积，同时，测算不同节水目标下，农作物种植面积的调整策略，以期为黄河流域水资源合理规划、种植结构优化布局提供决策参考。

（1）农作物生产模型。

对每种农作物生产，目标就是在给定生产用水价格和产品价格的条件下，如何合理调配生产用水及其他投入品的用量，使生产达到最优。

$$F_i(vm_i,\ w_is_i,\ E_i)=Maxf_i(m_i,\ s_i) \tag{4-1}$$

满足：

$$vm_i+w_is_i=E_i \tag{4-2}$$

其中，i 表示第 i 种农作物；v 表示生产用水价格；m_i 表示第 i 种农作物生产用水量；w_i 表示用于第 i 种农作物的除生产用水以外所有其他投入品的综合价格；s_i 表示用于第 i 种农作物的除生产用水以外所有其他投入品的单位面积用量；E_i 表示第 i 种农作物的单位面积生产支出；F_i（vm_i，w_is_i，E_i）表示第 i 种农作物的单位面积产量函数；f_i（m_i，s_i）表示第 i 种农作物的单位面积产量。

在这里，为简单起见，我们假定用于各种农作物的生产用水价格相同，每种农作物生产中除生产用水以外所有其他投入品归纳为一种投入品；每种农作物的生产函数简化为生产用水量和其他投入品用量的函数，并进一步假定生产函数为柯布-道格拉斯函数：

$$f_i(m_i,\ s_i)=B_im_i^{\alpha_i}s_i^{\beta_i} \tag{4-3}$$

此时，该规划问题变为：

$$\underset{m_i,s_i}{Max}\alpha_i\ln m_i+\beta_i\ln s_i \tag{4-4}$$

满足：

$$vm_i+w_is_i=E_i$$

一阶导数条件：

$$\frac{\partial L}{\partial s_i}=\frac{\beta_i}{s_i}-\lambda w_i=0 \tag{4-5}$$

$$\frac{\partial L}{\partial m_i}=\frac{\alpha_i}{m_i}-\lambda v=0 \tag{4-6}$$

$vm_i + w_i s_i = E_i$

式（4-5）和式（4-6）相除，得：

$$\frac{\alpha_i}{\beta_i} = \frac{vm_i}{w_i s_i} \tag{4-7}$$

即 α_i 与 β_i 之比等于单位面积生产用水支出与其他投入品支出之比。为不失一般性，我们进一步假定 $\alpha_i + \beta_i = 1$，即规模报酬不变（Constant Return to Scale），则 α_i 即为生产用水支出的比重，β_i 即为其他投入品支出的比重。

从一阶导数条件，可得：

$$m_i(v,\ w_i,\ E_i) = \alpha_i E_i / v \tag{4-8}$$

$$s_i(v,\ w_i,\ E_i) = \beta_i E_i / w_i \tag{4-9}$$

$$F_i(v,\ w_i,\ E_i) = B_i E_i \left(\frac{\alpha_i}{v}\right)^{\alpha_i} \left(\frac{\beta_i}{w_i}\right)^{\beta_i} \tag{4-10}$$

（2）农作物总产模型。

对于所有在生产过程中使用水的农作物，目标就是给定生产用水使用总量，合理调整生产用水价格和各个作物的种植面积、在各种作物之间合理地分配生产用水量使农作物生产单方用水收益最大。

$$\pi(M,\ E_1,\ E_2,\ \cdots,\ p_i,\ W_1,\ W_2,\ \cdots) = \underset{v, A_i}{Max} \sum\nolimits_i p_i F_i(v,\ w_i,\ E_i) A_i \tag{4-11}$$

约束条件：

$$A_i \geqslant 0 \tag{4-12}$$

$$M \geqslant \sum\nolimits_i m_i A_i \tag{4-13}$$

$$m_i = \alpha_i E_i / v \tag{4-14}$$

其中，M 表示生产用水量；p_i 表示第 i 种农作物的市场价格；A_i 表示 i 种农作物的总面积。

根据 F_i（v，w_i，E）函数的形式，问题可变为求解：

$$\underset{v, A_i}{Max} \sum\nolimits_i (-\alpha_i \ln v - \beta_i \ln w_i + \ln A_i) \tag{4-15}$$

约束条件：

$$A_i \geqslant 0 \tag{4-16}$$

$$M \geqslant \sum_i m_i A_i \tag{4-17}$$

$$m_i = \alpha_i E_i / v \tag{4-18}$$

则拉格朗日方程为：

$$L = \sum_i (-\alpha_i \ln v - \beta_i \ln w_i + \ln A_i) + \sum_i \lambda_i A_i + \gamma(M - \sum_i (\alpha_i E_i / v) A_i) \tag{4-19}$$

得一阶导数条件：

$$\gamma = (\sum_i \alpha_i) / M \tag{4-20}$$

$$\lambda_i = 0,\ (A_i > 0) \tag{4-21}$$

$$\gamma = v / (A_i \alpha_i E_i) \tag{4-22}$$

$$M = \sum_i m_i A_i \tag{4-23}$$

$$m_i = \alpha_i E_i / v \tag{4-24}$$

γ 为生产用水量对农作物生产的影子价格，即约束条件式（4-17）的松弛对农作物生产总收益的边际贡献值。根据式（4-20）和式（4-22），γ 与生产用水限量、每个作物的种植面积、每种农作物的生产支出成反比，与生产用水的市场价格成正比，与所有作物生产用水支出的比重之和成正比，但与单个作物的生产用水支出的比重成反比。据此，我们得出：

放松对生产用水量的控制对农作物生产总收益的边际贡献值随生产用水量的递增而递减，随每个作物的种植面积递增而递减，随每个作物的生产支出递增而递减，也随每个作物的生产用水支出的比重递增而递减；

放松对生产用水量的控制对农作物生产总收益的边际贡献值随生产用水的价格递增而递增，也随所有作物生产用水支出的比重之和递增而递增。

根据式（4-20）和式（4-22），可以得出：

$$A_i = A_i(M,\ v,\ E_i,\ \alpha_i) = \frac{Mv}{E_i \alpha_i \sum_i \alpha_i} \tag{4-25}$$

式（4-25）给出了生产用水量 M、每种作物的种植面积 A_i、生产用水价格 v、每种农作物的生产支出 E_i、每种农作物生产用水支出的比重 α_i 和所有作物生产用水支出的比重之和 $\sum \alpha_i$ 的关系。据此关系式，我们可以根据不同的条件，给出相应的农作物最优用水方案和最佳种植面积方案。

进一步考虑生产用水价格的影响，根据式（4-25），用每种作物的播种面积对生产用水价格求导，并进行类似的“斯拉茨基分解”：

$$\frac{\partial A_i}{\partial v}=\frac{\partial A_i}{\partial m_i}\frac{\partial m_i}{\partial v}=\frac{\partial A_i}{\partial m_i}\left[\frac{\partial m_i^s(v,\ w_i,\ \overline{m_i},\ \overline{s_i})}{\partial v}-\frac{\partial m_i(v,\ w_i,\ \overline{E_i})}{\partial E_i}\overline{m_i}\right] \tag{4-26}$$

$$\frac{\partial A_i}{\partial v}=\frac{-M}{m_i\sum_i \alpha_i}\frac{E_i\alpha_i}{-v^2}=\frac{M}{E_i\alpha_i\sum_i \alpha_i} \tag{4-27}$$

其中 $\overline{m_i}$，$\overline{s_i}$，$\overline{E_i}$ 分别表示初始情况下每种农作物的生产用水量，其他投入品用量，以及对应的生产支出。那么，式中的$\frac{\partial m_i^s(v,\ w_i,\ \overline{m_i},\ \overline{s_i})}{\partial v}$和$\frac{\partial m_i(v,\ w_i,\ \overline{E_i})}{\partial E_i}\overline{m_i}$分别表示生产用水价格变化引起的“替代效应”和“成本效应”。

其经济学含义在于：例如，当用水价格上升时，一方面农户将减少生产用水量的投入，而增加其他要素的投入进行替代；另一方面，由于用水价格的上升，农户原有的投入成本变得相对“紧缩”了，农户将减少生产用水和其他投入品的投入。两种效应的叠加反映了生产用水价格变动对每种农作物生产用水量产生的总效应，并进一步影响到每种作物的播种面积。因此，根据式（4-27），生产用水价格变动对每种农作物播种面积的影响取决于生产用水量 M，每种农作物的生产支出为 E_i，每种农作物生产用水支出的比重为 α_i，所有作物生产用水支出的比重之和为 $\sum\alpha_i$。

4.3.2 数据来源

依据上述模型计算方法，测算每种农作物最优生产规模，需要每种农作物详细的生产成本投入和效益数据。为了掌握真实有效数据，保证模型测算结果，本书将调查问卷分为大田作物、设施作物和种草养畜三大类，在 M 县 17 个乡镇共收集农户调查问卷 1931 份，表 4-1 详细列出了每个乡镇大田作物、设施作物和种草养畜的问卷数。大田作物问卷 894 份，主要涵盖小麦、玉米、葵花、茴香、西瓜、葫芦（白瓜籽）；设施作物问卷 517 份，主要涵盖番茄、人参果、蜜瓜、西瓜、沙葱、小乳瓜、辣椒、西葫芦等 11 种农作物；种草养畜问卷 520 份，苜蓿种植 245 份，养羊 273 份，养牛 2 份，问卷详细情况如表 4-2 所示。

表 4-1　M 县各乡镇问卷分布　　单位：份

乡镇名称	大田作物	设施作物	种草养畜	问卷总数
乡镇 1	107	133	58	298
乡镇 2	94	23	42	159
乡镇 3	69	40	43	152
乡镇 4	60	50	26	136
乡镇 5	67	0	66	133
乡镇 6	67	26	39	132
乡镇 7	60	31	34	125
乡镇 8	34	59	22	115
乡镇 9	40	45	19	104
乡镇 10	59	18	24	101
乡镇 11	51	13	30	94
乡镇 12	60	0	22	82
乡镇 13	38	13	25	76
乡镇 14	18	0	52	70
乡镇 15	29	37	0	66
乡镇 16	16	20	18	54
乡镇 17	16	7	0	23
未写乡镇名称	9	2	0	11
合计	894	517	520	1931

资料来源：根据 M 县农户调查问卷整理所得。

表 4-2　M 县作物问卷分布

设施作物	问卷数	大田作物	问卷数	畜牧	问卷数
设施番茄	150	大田玉米	299	苜蓿	245
设施人参果	130	大田葵花	218	羊	273
设施蜜瓜	83	大田小麦	194	牛	2
设施西瓜	51	大田茴香	131		

续表

设施作物	问卷数	大田作物	问卷数	畜牧	问卷数
设施沙葱	24	大田西瓜	31		
设施小乳瓜	24	大田葫芦	21		
设施辣椒	21				
设施西葫芦	14				
设施韭菜	11				
设施茴香	3				
设施小菜	2				
设施黄瓜	2				
设施食葵	2				
总计	517	总计	894	总计	520

资料来源：根据 M 县农户调查问卷整理所得。

4.3.3 实证结果与分析

4.3.3.1 设施作物与大田作物成本收益

根据农户调查数据，M 县设施作物主产品单产水平为 79277.85 千克/公顷，大田作物主产品单产水平为 9113.25 千克/公顷；设施作物单位面积总收入达 25.52 万元/公顷，大田作物单位面积总收入为 3.86 万元/公顷，设施作物单位面积收入约为大田作物的 6.61 倍；设施作物单位面积收益为 14.03 万元/公顷，大田作物单位面积收益为 2.39 万元/公顷，设施作物单位面积收益约为大田作物的 5.87 倍；设施作物单位面积成本为 11.48 万元/公顷，其中，水费支出占总成本的 2%，种苗费占总成本的 22%，肥料费占总成本的 25%，大棚及设备折旧费占总成本的 24%；大田作物单位面积成本为 1.47 万元/公顷，其中，水费支出占总成本的 25%，种苗费占总成本的 11%，肥料费占总成本的 25%。设施作物总用水量为 6123.45 立方米/公顷，大田作物总用水量为 9210.30 立方米/公顷，大田作物用水量约为设施作物用水量的 1.50 倍；设施作物单方水收入为 41.67 元/立方米，大田作物单方水收入为 4.19 元/立方米，设施作物单方水收入约为大田作物的 9.95 倍；设施作物单方水收益为 22.92 元/立方米，大田作物单方水收益为

2.60 元/立方米，设施作物单方水收益约为大田作物的 8.82 倍（见表 4-3）。

表 4-3　M 县设施作物和大田作物成本收益

项目	单位	设施作物	大田作物
观测值	个	517.00	894.00
主产品单产	千克/公顷	79277.85	9113.25
主产品单价	元/千克	3.22	3.81
主产品单位面积收入	万元/公顷	25.51	3.48
秸秆收入	万元/公顷	0.0015	0.39
单位面积总收入	万元/公顷	25.52	3.86
水费	万元/公顷	0.26	0.37
农膜费	万元/公顷	0.17	0.04
种苗费	万元/公顷	2.51	0.17
肥料费	万元/公顷	2.83	0.37
农药费	万元/公顷	0.66	0.05
机械费	万元/公顷	0.26	0.12
雇工人数	工日/公顷	93.90	21.30
雇工单价	元/工日	102.60	106.55
雇工费用	万元/公顷	0.96	0.23
大棚及设备费	万元/公顷	55.22	0.00
大棚及设备费折旧	万元/公顷	2.76	0.00
其他费用	万元/公顷	1.07	0.11
单位面积成本	万元/公顷	11.48	1.47
单位面积收益	万元/公顷	14.03	2.39
渠灌用水量	立方米/公顷	428.70	3034.20
井灌用水量	立方米/公顷	5694.75	6176.10
总用水量	立方米/公顷	6123.45	9210.30
单方水收入	元/立方米	41.67	4.19
单方水收益	元/立方米	22.92	2.60

资料来源：根据 M 县农户调查问卷整理所得。

4.3.3.2　多情景最优种植规模测算

M 县灌溉水源主要来自渠灌和井灌，其中，渠灌水价为 0.37 元/立方米，井灌水价为 0.43 元/立方米。M 县农田灌溉配水总量为 21962 万立方米，其中，设施作物配水量为 1838.85 万立方米，大田作物配水量为 20123.15 万立方米。

情景一：以 M 县现状为基准，保持现行水价及配水方案不变。在当前农田配水总量下，根据单方水收益最大化实现条件，计算得出设施作物种植面积为 1.10 万公顷，单位面积用水量为 1670.55 立方米/公顷，大田作物种植面积为 7.27 万公顷，单位面积用水量为 2769 立方米/公顷，即总种植面积为 8.37 万公顷时，单方水收益达到最大值，其中，设施作物单方水收益为 85.14 元/立方米，大田作物单方水收益为 9.61 元/立方米（见表 4-4）。测算结果显示，实际用水量远大于单方水收益最大化的用水量，其中，设施作物实际用水量比单方水收益最大化的用水量高 4452.90 立方米/公顷，大田作物实际用水量比单方水收益最大化的用水量高 6441.30 立方米/公顷；而实际单方水收益显著低于最优单方水收益，其中，设施作物实际单方水收益比最优收益低 62.22 元/立方米，大田作物实际单方水收益比最优收益低 7.01 元/立方米。通过对比可看出，实际农业生产中存在水资源低效利用，或在同等收益下，过量投入水资源的问题，M 县具有较大节水空间和水资源利用效率提升空间。以水资源节约利用为目标，农田灌溉配水量依次减少 20%、30%、50%，计算实现单方水收益最大化时，设施作物和大田作物适宜的种植面积。结果显示，设施作物种植面积调减至 0.88 万公顷，大田作物种植面积调减至 5.81 万公顷，总种植面积减少至 6.69 万公顷时，农田灌溉配水量可减少 20%；设施作物种植面积调减至 0.77 万公顷，大田作物种植面积调减至 5.09 万公顷，总种植面积减少至 5.86 万公顷时，农田灌溉配水量可减少 30%；设施作物种植面积调减至 0.55 万公顷，大田作物种植面积调减至 3.63 万公顷，总种植面积减少至 4.18 万公顷时，农田灌溉配水量可减少 50%，同时，可保证原收益水平不变。

表 4-4　情景一：不同配水量最优种植规模测算情况

项目/内容	单位	方案一：现状年	方案二：减水 20%	方案三：减水 30%	方案四：减水 50%
农田灌溉配水总量	万立方米	21962.00	17569.60	15373.40	10981.00

续表

项目/内容	单位	方案一：现状年		方案二：减水20%		方案三：减水30%		方案四：减水50%	
设施作物配水量	万立方米	1838.85		1471.08		1287.20		919.43	
大田作物配水量	万立方米	20123.15		16098.52		14086.21		10061.58	
		设施作物	大田作物	设施作物	大田作物	设施作物	大田作物	设施作物	大田作物
水费占比α	—	0.0227	0.2529	0.0227	0.2529	0.0227	0.2529	0.0227	0.2529
单位面积总支出E	元/公顷	114821.85	14701.05	114821.85	14701.05	114821.85	14701.05	114821.85	14701.05
水价v	元/立方米	0.43	0.37	0.43	0.37	0.43	0.37	0.43	0.37
配水量M	万立方米	1838.85	20123.15	1471.08	16098.52	1287.20	14086.21	919.43	10061.58
α的和$\sum\alpha$	—	0.2756	0.2756	0.2756	0.2756	0.2756	0.2756	0.2756	0.2756
种植面积A	万公顷	1.10	7.27	0.88	5.81	0.77	5.09	0.55	3.63
总面积	万公顷	8.37		6.69		5.86		4.18	
单位面积用水量	立方米/公顷	1670.55	2769.00	1670.55	2769.00	1670.55	2769.00	1670.55	2769.00
单方水收入	元/立方米	152.74	13.94	152.74	13.94	152.74	13.94	152.74	13.94
单方水收益	元/立方米	85.14	9.61	85.14	9.61	85.14	9.61	85.14	9.61

注：水价不变（渠灌水价0.37元/立方米，井灌水价为0.43元/立方米），设施作物配水量为1838.85万立方米。

情景二：保持M县现行水价不变，改变配水方案，使设施作物配水量增加一倍，由目前的1838.85万立方米增加为3677.7万立方米；大田作物配水量由20123.15万立方米减少至18284.3万立方米。在现行农田配水总量下，根据单方水收益最大化条件，计算设施作物与大田作物合适的种植面积。此时，设施作物种植面积增至2.20万公顷，大田作物种植面积下降至6.60万公顷，总种植面积比基准水平（以情景一现状水平为基准）增加至8.80万公顷（见表4-5）。按照情景二的配水方案，农田灌溉配水量依次减少20%、30%、50%，计算实现单方水收益最大化时，设施作物和大田作物适宜的种植面积。结果显示，在该配水方案下，设施作物种植面积比基准面积调增至1.76万公顷，大田作物种植面积比基准面积调减至5.28万公顷，总种植面积比基准面积减少至7.04万公顷时，农田灌溉配水量可减少20%；设施作物种植面积比基准面积调增至1.54万公顷，大田作物种植面积比基准面积调减至4.62万公顷，总种植面积比基准面积减少至6.16万公顷时，农田灌溉配水量可减少30%；设施作物种植面积保持基准面积 1. 10 万公顷，大田作物种植面积比基准面积调减至 3. 30 万公顷，总种植面积比基准面积减少至 4. 40 万公顷时，农田灌溉配水量可减少 50%，同时，仍可保证总收益水平不变。

表 4-5 情景二：不同配水量最优种植规模测算情况

项目/内容	单位	方案一：现状年		方案二：减水 20%		方案三：减水 30%		方案四：减水 50%	
农田灌溉配水总量	万立方米	21962. 00		17569. 60		15373. 40		10981. 00	
设施作物配水量	万立方米	3677. 70		2942. 16		2574. 39		1838. 85	
大田作物配水量	万立方米	18284. 30		14627. 44		12799. 01		9142. 15	
		设施作物	大田作物	设施作物	大田作物	设施作物	大田作物	设施作物	大田作物
水费占比 α	—	0. 0227	0. 2529	0. 0227	0. 2529	0. 0227	0. 2529	0. 0227	0. 2529
单位面积总支出 E	元/公顷	114821. 85	14701. 05	114821. 85	14701. 05	114821. 85	14701. 05	114821. 85	14701. 05
水价 v	元/立方米	0. 43	0. 37	0. 43	0. 37	0. 43	0. 37	0. 43	0. 37
配水量 M	万立方米	3677. 70	18284. 30	2942. 16	14627. 44	2574. 39	12799. 01	1838. 85	9142. 15
α 的和 $\sum \alpha$	—	0. 2756	0. 2756	0. 2756	0. 2756	0. 2756	0. 2756	0. 2756	0. 2756
种植面积 A	万公顷	2. 20	6. 60	1. 76	5. 28	1. 54	4. 62	1. 10	3. 30
总面积	万公顷	8. 80		7. 04		6. 16		4. 40	
单位面积用水量	立方米/公顷	1670. 55	2769. 00	1670. 55	2769. 00	1670. 55	2769. 00	1670. 55	2769. 00
单方水收入	元/立方米	152. 74	13. 94	152. 74	13. 94	152. 74	13. 94	152. 74	13. 94
单方水收益	元/立方米	85. 14	9. 61	85. 14	9. 61	85. 14	9. 61	85. 14	9. 61

注：水价不变（渠灌水价 0. 37 元/立方米，井灌水价为 0. 43 元/立方米），设施作物配水量增加一倍，为 3677. 7 万立方米。

情景三：保持 M 县配水方案不变，水价提高一倍，渠灌水价由 0. 37 元/立方米提高至 0. 75 元/立方米，井灌水价由 0. 43 元/立方米提高至 0. 86 元/立方米。在现行农田配水总量下，根据单方水收益最大化条件，计算设施作物与大田作物合适的种植面积。此时，设施作物的种植面积减少至 0. 68 万公顷，大田作物的种植面积减少至 4. 53 万公顷，总种植面积比基准水平减少至 5. 21 万公顷（见表 4-6）。按照情景三的水价方案，农田灌溉配水量依次减少 20%、30%、50%，计算实现单方水收益最大化时，设施作物和大田作物适宜的种植面积。结果显示，在该水价方案下，设施作物种植面积比基准面积调减至 0. 54 万公顷，大田作物种植面积比基准面积调减至 3.62 万公顷，总种植面积比基准面积缩小至 4.17 万公顷时，农田灌溉配水量可减少 20%；设施作物种植面积比基准面积调减至 0.47 万公顷，大田作物种植面积比基准面积调减至 3.17 万公顷，总种植面积比基准面积缩小至 3.64 万公顷时，农田灌溉配水量可减少 30%；设施作物种植面积比基准面积调减至 0.34 万公顷，大田作物种植面积比基准面积调减至 2.27 万公顷，总种植面积比基准面积缩小至 2.60 万公顷时，农田灌溉配水量可减少 50%。需要注意的是，按照情景三的调整方案，设施作物用水量比基准水平增加至 2716.05 立方米/公顷，大田作物用水量比基准水平增加至 4442.10 立方米/公顷；而设施作物单方水收益下降至 51.77 元/立方米，大田作物单方水收益下降至 5.47 元/立方米。

表 4-6　情景三：不同配水量最优种植规模测算情况

项目/内容	单位	方案一：现状年		方案二：减水 20%		方案三：减水 30%		方案四：减水 50%	
农田灌溉配水总量	万立方米	21962.00		17569.60		15373.40		10981.00	
设施作物配水量	万立方米	1838.85		1471.08		1287.20		919.43	
大田作物配水量	万立方米	20123.15		16098.52		14086.21		10061.58	
		设施作物	大田作物	设施作物	大田作物	设施作物	大田作物	设施作物	大田作物
水费占比 α	—	0.0444	0.4037	0.0444	0.4037	0.0444	0.4037	0.0444	0.4037
单位面积总支出 E	元/公顷	117428.40	18418.65	117428.40	18418.65	117428.40	18418.65	117428.40	18418.65
水价 v	元/立方米	0.86	0.75	0.86	0.75	0.86	0.75	0.86	0.75
配水量 M	万立方米	1838.85	20123.15	1471.08	16098.52	1287.20	14086.21	919.43	10061.58
α 的和 $\sum \alpha$	—	0.4481	0.4481	0.4481	0.4481	0.4481	0.4481	0.4481	0.4481
种植面积 A	万公顷	0.68	4.53	0.54	3.62	0.47	3.17	0.34	2.27
总面积	万公顷	5.21		4.17		3.64		2.60	
单位面积用水量	立方米/公顷	2716.05	4442.10	2716.05	4442.10	2716.05	4442.10	2716.05	4442.10
单方水收入	元/立方米	93.94	8.69	93.94	8.69	93.94	8.69	93.94	8.69
单方水收益	元/立方米	51.77	5.47	51.77	5.47	51.77	5.47	51.77	5.47

注：水价提高一倍（渠灌水价 0.75 元/立方米，井灌水价为 0.86 元/立方米），设施作物配水量为 1838.85 万立方米。

情景四：同时改变 M 县水价及配水方案，水价提高一倍，设施作物配水量增加一倍，相应调减大田作物配水量。在现行农田配水总量下，根据单方水收益最大化条件，计算设施作物与大田作物适宜的种植面积。此时，设施作物种植面积比基准水平增加至 1. 35 万公顷，大田作物种植面积比基准水平减少至 4. 12 万公顷，总种植面积比基准水平减少至 5. 47 万公顷（见表 4-7）。按照情景四的水价及配水方案，农田灌溉配水量依次减少 20%、30%、50%，计算实现单方水收益最大化，设施作物和大田作物适宜的种植面积。结果显示，在该方案下，设施作物种植面积比基准面积调减至 1. 08 万公顷，大田作物种植面积比基准面积调减至 3. 29 万公顷，总种植面积比基准面积缩小至 4. 38 万公顷时，农田灌溉配水量可减少 20%；设施作物种植面积比基准面积调减至 0. 95 万公顷，大田作物种植面积比基准面积调减至 2. 88 万公顷，总种植面积比基准面积缩小至 3. 83 万公顷时，农田灌溉配水量可减少 30%；设施作物种植面积比基准面积调减至 0. 68 万公顷，大田作物种植面积比基准面积调减至 2. 06 万公顷，总种植面积比基准面积缩小至 2. 74 万公顷时，农田灌溉配水量可减少 50%。与情景三相同，情景四单位面积用水量比基准水平增加，单方水收益比基准水平下降。

表 4-7 情景四：不同配水量最优种植规模测算情况

项目/内容	单位	方案一：现状年		方案二：减水 20%		方案三：减水 30%		方案四：减水 50%	
农田灌溉配水总量	万立方米	21962. 00		17569. 60		15373. 40		10981. 00	
设施作物配水量	万立方米	3677. 70		2942. 16		2574. 39		1838. 85	
大田作物配水量	万立方米	18284. 30		14627. 44		12799. 01		9142. 15	
		设施作物	大田作物	设施作物	大田作物	设施作物	大田作物	设施作物	大田作物
水费占比 α	—	0. 0444	0. 4037	0. 0444	0. 4037	0. 0444	0. 4037	0. 0444	0. 4037
单位面积总支出 E	元/公顷	117428. 40	18418. 65	117428. 40	18418. 65	117428. 40	18418. 65	117428. 40	18418. 65
水价 v	元/立方米	0. 86	0. 75	0. 86	0. 75	0. 86	0. 75	0. 86	0. 75
配水量 M	万立方米	3677. 70	18284. 30	2942. 16	14627. 44	2574. 39	12799. 01	1838. 85	9142. 15
α 的和 $\sum\alpha$	—	0. 4481	0. 4481	0. 4481	0. 4481	0. 4481	0. 4481	0. 4481	0. 4481
种植面积 A	万公顷	1. 35	4. 12	1. 08	3. 29	0. 95	2. 88	0. 68	2. 06
总面积	万公顷	5. 47		4. 38		3. 83		2. 74	
单位面积用水量	立方米/公顷	2716. 05	4442. 10	2716. 05	4442. 10	2716. 05	4442. 10	2716. 05	4442. 10

续表

项目/内容	单位	方案一：现状年		方案二：减水20%		方案三：减水30%		方案四：减水50%	
单方水收入	元/立方米	93.94	8.69	93.94	8.69	93.94	8.69	93.94	8.69
单方水收益	元/立方米	51.77	5.47	51.77	5.47	51.77	5.47	51.77	5.47

注：水价提高一倍（渠灌水价0.75元/立方米，井灌水价为0.86元/立方米），设施作物配水量增加一倍，为3677.7万立方米。

4.3.3.3　情景优化选择

基于水土资源优化模型对多情景最优种植规模进行的测算分析表明：情景一至情景四分别实现了方案目标下的最优种植规模。一方面，节水是最重要的目标，也是解决黄河流域当前水资源短缺的关键，仅从节水目标来看，情景一至情景四均实现了节水，都可以作为优化选择方案；另一方面，水土资源优化配置作为本书的重要目标，不仅要实现节水目标，而且要考虑到当地土地资源现实情况，节水不能以牺牲大量种植面积为代价，否则会影响到粮食生产和粮食安全，更不能以牺牲农民收益为代价，否则会影响农民福利和社会稳定。第一，四种情景的方案一结果显示，单方水收益最大化条件下的作物种植面积分别为8.37万公顷、8.80万公顷、5.21万公顷、5.47万公顷（分别见表4-4至表4-7），其中，情景三和情景四牺牲了大量的作物种植面积，很可能会影响到粮食生产和粮食安全，所以相对情景三和情景四而言，情景一和情景二更优；第二，比较情景一和情景二的方案二至方案四可以看到，情景二相对于情景一，在分别达20%、30%、50%减水方案时所减少的种植面积更少，同时情景二设施作物播种面积比例大于情景一，设施作物相对于大田作物，单位收益和节水效果更好，更符合农业高质量绿色发展的目标。所以，综合考虑黄河流域资源禀赋、生态环境承载力和农业高质量发展等因素，情景二是更适合该地区的水土资源优化配置方案。

4.3.4　研究结论与政策启示

本书基于柯布-道格拉斯生产函数，根据农作物生产单方用水收益最大化实现条件，推导出“以水定土，以土量水”水土资源优化模型。运用黄河流域西北干旱区 M 县 1931 份农户实地调研数据，计算了不同配水方案及水价情景下，农作物的最优种植面积；同时，测算出不同节水目标下，农作物种植面积的调整策略。测算结果表明，在现行水价及配水方案下，实际用水量远高于单方水收益最大化的用水量，而实际单方水收益显著低于最优单方水收益，说明实际农业生产中存在水资源低效利用，或在同等收益下，过量投入水资源的问题，具有较大节水空间和水资源利用效率提升空间。进一步地，在保持总收益水平不变的情形下，测算出调减设施作物和大田作物种植面积可实现农业节水目标。

实地调研数据显示，设施作物收益水平显著高于大田作物，设施作物总用水量低于大田作物，单方水收益高于大田作物。从水资源利用的比较优势来看，适度侧重发展设施作物有利于提高水资源利用效率和收益水平。基于这一判断，本书进一步测算了在保持总配水量不变的情形下，调整配水方案，增加设施作物配水量，压减大田作物配水量，设施作物和大田作物种植面积的调整策略。研究结论显示，调增设施作物种植面积，缩减大田作物种植面积，可在当前农业用水量下，实现水资源利用效益的提升。

调节水价是水资源管理的重要措施之一。针对水资源利用效率低，存在浪费现象的情况，提高水价，增加用水成本，有利于用水方减少浪费，采纳节水技术，提高水资源利用效率。基于此，本书测算了在水价提高的情景下，作物种植面积调整策略。研究结论显示，随着水价的提高，作物种植面积显著缩减，在农田配水总量不变的情形下，单位面积用水量增加，而单方水收益下降，这一特征意味着，由于作物种植面积下降，按基准水平的单位面积用水量及单方水收益水平，农田配水量可以减少。

多情景最优种植规模测算结果表明，当前水资源利用水平下，至少有两条途径可提高水资源利用率：一是调整配水方案，根据比较效益，调增具有水资源利用比较优势作物的配水量，进而调整该类作物的种植面积，压减水资源利用效益较低作物的配水量，进而减少此类作物的种植面积，有利于提高收益及资源利用效率；二是调节水价，根据水资源低效利用状况，提高水价，增加用水成本约束，以降低不合理用水需求，激励节水技术运用，进而提高水资源利用效率。相比而言，调整配水方案的方式侧重于在当前农业用水量下，提高水资源的产出收益，由于具有比较优势的作物获得更多的水资源分配量，种植面积大幅调增，作物总种植面积呈扩增趋势；调节水价的方式侧重于通过增加用水成本，降低用水需求，可有效减少农业用水量，但用水成本的增加，使得作物种植面积呈下降趋势。两种方式均可在保持单方水收益不变的情况下，通过调减作物种植面积，实现节水目标，其中，调整配水方案的方法，达到同等节水目标，作物种植面积下降幅度较小。

基于上述研究结论，对推进黄河流域农业高质量发展提出如下水土资源优化配置建议：

第一，坚持“以水而定、量水而行”，推进水资源节约集约利用。

坚决不能把水当作无限供给的资源，必须把水资源作为最大刚性约束，合理规划农业水土资源配置，按照水资源利用比较优势，调整种植业布局，调增耗水量小、产出效益高的作物种植面积，结合实际，尽可能压减耗水量大、产出效益低的作物种植面积；大力发展节水技术，通过技术创新高效推进农业节水，以最小的水资源投入量，争取最大化的农业产出效益。既要保证农业产业的发展增值，又要最大限度地节约集约用水。

第二，完善水资源定价机制，坚决抑制不合理用水需求。

实证研究结论显示，在水资源极度稀缺地区，依然存在水资源浪费以及低效利用问题，加剧了资源短缺程度，必须坚决遏制。较低的水价导致需求方对用水成本不敏感，缺乏节约集约用水的紧迫感，进而难以形成节约、集约用水的内生动力。在面临经济建设、生态保护、农业发展等多重用水需求的情形下，水资源的竞争性凸显，应充分发挥市场机制在竞争性资源配置中的决定性作用，使价格能够反映资源的稀缺程度。由市场机制主导水资源合理优化配置，对于具有基础性、公益性的生态产业及农业产业采取价外补贴等方式给予必要补偿。

第三，推动设施农业发展，实现水土优化与高质量并行。

实证分析结果显示，设施作物耗水量少于大田作物，但单位面积收入远远高于大田作物。黄河流域本身属于干旱、半干旱气候，设施农业改善了设施内气候条件，实现了多季作物高效利用水资源的同时，增加了农民收益。在不影响大田作物最基本粮食生产的基础上，设施作物的发展，可以作为优化水土配置、实现黄河流域农业高质量发展的一个选择。

第四，坚持生态优先、绿色发展，着重发挥农业的生态功能。

黄河治理“重在保护、要在治理”，生态保护修复和建设应是黄河流域各项工作的重中之重，特别是黄河上游生态脆弱地区，应更为侧重生态保护，以打造生态功能区为首要任务，为黄河全域的保护和治理做出贡献。农业本身也是生态环境的一部分，具有生态功能，在生态脆弱地区应更为注重开发农业的生态功能，发挥农业对生态环境的支撑和改善作用。实证研究显示，在保持单方水收益不变的情况下，可通过调减作物种植面积实现节水目标。以生态优先为原则遵循，通过适当调减作物种植面积实现节约农业用水，为生态用水提供更大的空间，应是黄河流域生态脆弱区的重要策略选择。大力推广实施节水种植技术、休耕轮作技术，不以规模论发展，向技术、管理、质量要效益，着力提高农产品品质，走质量兴农、绿色兴农、品牌强农的农业高质量发展之路。

第三篇　戈壁生态农业发展篇

第5章　设施：设施瓜菜全产业链发展

5.1　设施瓜菜现状分析

5.1.1　设施瓜菜产业发展基础较好

M县于1993年开始试验搭建日光温室，1998年在城郊乡镇逐步发展。从2007年开始，随着S河流域重点治理规划项目的实施，设施瓜菜作为M县农业结构调整、节水增收、生态保护的主要产业，在全县快速建设发展，生产经营规模逐年扩大。经过多年的发展，至2017年底，全县新建日光温室0.34万亩，累计建成日光温室4.78万亩。M县日光温室产业经历了从无到有、由小到大的发展历程，今后将向由大到强的目标继续发展壮大。

5.1.2　设施结构逐步优化升级

近年来，随着日光温室产业的不断兴起和农民种植积极性的提高，M县日光温室棚体结构得到进一步优化，已由传统的二代立柱式温室逐步向土墙全钢架结构三代温室过渡，全县共建成了二代日光温室22786座，占地4.36万亩，土墙全钢架结构三代温室1375座，占地0.42万亩。

5.1.3 优势特色瓜菜品种较为丰富

M县不断加大新品种的引进试验示范和推广，加快了种植作物和品种的更新换代步伐，全面提升了全县农业的生产水平和效益。全县日光温室的种植茬口有一年一大茬、两茬及周年生产等多种模式，主要种植作物有番茄、人参果、西甜瓜、小乳瓜、西葫芦、黄瓜、辣椒、韭菜、沙葱等特色优势产品10大类100多种。引进了木瓜、草莓、芦笋、火龙果、无花果、人参果、桑葚等名、优、特品种50个。全县日光温室生产已初步形成了生产区域布局合理、种植品种优良丰富、茬口安排灵活科学、品牌打造特色鲜明、销售渠道畅通多样的良好格局。

5.1.4 设施瓜菜质量和标准水平不断提升

为满足广大消费者对绿色有机农产品的需求和提升M县农产品质量，M县以绿色生态为导向，以推进农业供给侧结构性改革为主线，扎实开展了日光温室出口农产品和有机农产品基地建设工作，全县共建成出口农产品标准化生产示范基地9.73万亩，其中日光温室1.13万亩，以M县现代农业示范园和3个专业村庄为重点，分别打造番茄、人参果、西瓜、甜瓜等有机农产品生产示范基地4个，生产规模达520座、1040亩。

5.1.5 设施瓜菜产业增收带动效益明显

据调查，目前全县日光温室生产棚平均纯收入达2.43万元，日光温室瓜菜生产已成为当前全县农业经济收入的主导来源。2017年全县农村居民可支配收入达12177元，其中日光温室产业实现农村居民可支配收入达1849元，占农村居民可支配收入的16.4%，经济效益凸显。

5.2　设施瓜菜发展短板

5.2.1　基础设施及配套设施不健全，部分老旧设施亟待升级

蔬菜基础设施脆弱，严重影响生产和流通的发展，极易造成市场供应和价格波动。近年来，部分温室、大棚设施建设标准低、不规范，设施设备陈旧老化，抗灾能力弱，节水灌溉效率不高，亟须改造升级。同时，蔬菜流通及市场配套设施不健全，存在采后处理不及时，田头预冷、冷链设施不健全，贮运设施设备落后、运距拉长等问题，难以适应蔬菜新鲜易腐的特点；产销信息体系不完善，农民种菜带有一定的盲目性，造成部分蔬菜结构性、区域性、季节性过剩；农产品市场基础设施薄弱，现代化水平低，批发市场设施简陋，分级、包装以及结算、信息系统等设施设备配套完善比例低，造成一些居民买菜难、买菜贵。

5.2.2　高效节水优质高抗品种不足，科技创新与转化能力不强

由于投入少、研究资源分散、力量薄弱等原因，蔬菜品种研发、技术创新与成果转化能力不强，难以适应设施栽培、加工出口、长途贩运蔬菜快速发展的需要；育种成果转化机制不灵活，科研单位与企业衔接合作不够密切，制约了成果的推广应用。同时，良种良法不配套，栽培技术创新不够、储备不足，基层蔬菜技术推广服务人才短缺、手段落后、经费不足，技术进村入户难。农村青壮年劳动力大量转移，劳动成本大幅上涨，轻简栽培技术集成创新也亟待加强。

5.2.3　生产机械化程度较低，专用设备研发和推广存在制约

瓜菜生产机械化程度较低，机械化无法覆盖整个生产环节。主要应用依然局限在耕整地、肥水灌溉方面，而且用工成本较大，除了膜下滴灌及水肥一体化装

备已在部分区域推广应用，在定植、整枝、打杈、授粉、采收等种植环节仍然难以推进机械化。设施栽培瓜菜的作业空间小、设施建设不标准，导致机械化装备“路难走、门难进、边难耕、头难掉”，给生产机械的研制开发、成果转化及产业化带来困难，生产中迫切需要开发集旋耕、开厢、施肥、覆膜于一体的耕整一体化机械、高效喷药机械、中耕施肥机械等。

5.2.4 瓜菜产业链延伸不够，产业化经营水平有待提高

瓜菜采后处理加工与综合利用还停留在简单的冷藏保鲜、初级加工水平。田头预冷、冷链设施不健全，外销物流运输形式依然较为简易，仅有少数精品瓜菜采用冷链运输。产业整体产业化水平较低，在产品优质优价、市场竞争力培育、标准化生产基地建设、新型经营主体做大做强、名牌产品打造等方面与发达地区存在一定差距，品牌建设、组织化和产业化经营任重道远。

5.3 蔬菜产业市场分析

5.3.1 供需形势分析

（1）供给侧，播种面积、总产量与单产“三量”齐增。

近年来，我国蔬菜产业不断快速发展，不仅满足了城乡居民膳食结构需要，也成为增加农民收入的重要产业。从 2012 年起，蔬菜播种面积稳步提高到 2000 万公顷以上，到 2017 年，蔬菜播种面积达 2226.13 万公顷（见图 5-1）。与此同时，我国蔬菜产量随播种面积的扩大提高，从 2011 年的 67929.67 万吨上升到 2017 年的 81135.97 万吨（见图 5-2），上升幅度 19.44%，每年产量的平均增长率为 3.01%。

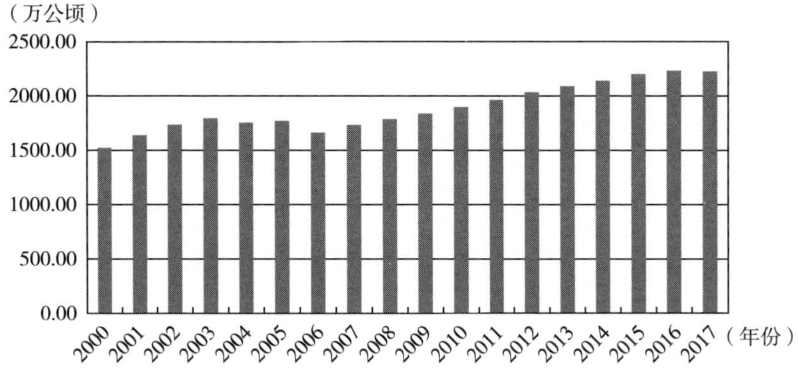

图 5-1　2000~2017 年我国蔬菜播种面积

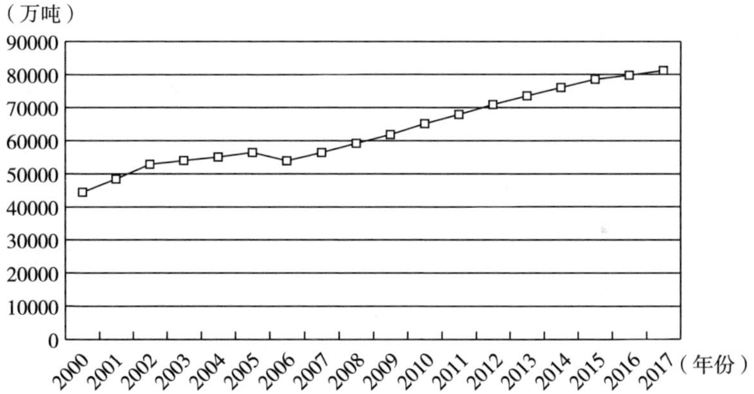

图 5-2　2000~2017 年我国蔬菜产量变化

蔬菜单产水平在科技等因素作用下保持增长趋势，从 2011 年的 34. 59 吨/公顷上升到 2017 年的 36. 45 吨/公顷，单产的年均增长率为 0. 88%（见图 5-3）。

在产区方面，根据国家发展改革委、农业农村部等部门制定的《全国蔬菜产业发展规划（2011—2020 年）》，基于综合考虑行政区划、各地区主要时节调出品种等因素，将全国蔬菜产区划分为华南区、长江区、西南区、西北区、东北区和黄淮海与环渤海区六大区。

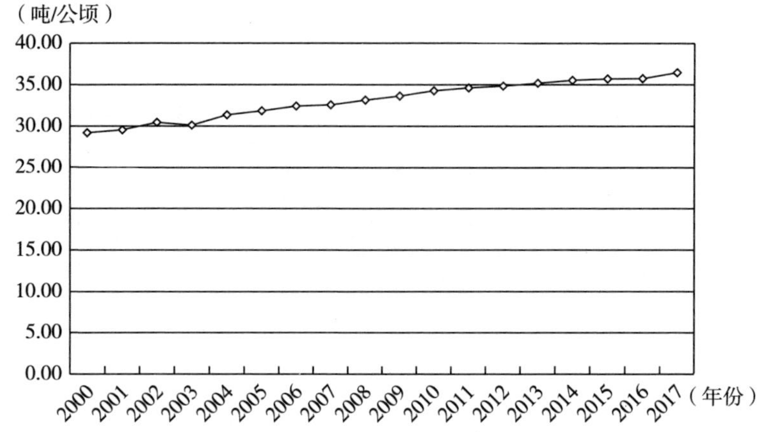

图 5-3　2000~2017 年我国蔬菜单产变化

根据国家统计局数据，长江区蔬菜播种面积占比最高，2011 年蔬菜播种面积为 7425. 75 千公顷，占全国蔬菜播种面积的 37. 81%，2016 年上升到 8493. 21 千公顷，占比略上升，达 38. 04%；黄淮海与环渤海区蔬菜播种面积所占比例也较高，从 2011 年的 26. 93%下降到 2016 年的 24. 31%；华南区蔬菜播种面积所占比例从 2011 年的 16. 06%上升到 2016 年的 16. 66%；西南区蔬菜播种面积所占比例从 2011 年的 7. 35%上升到 2016 年的 9. 36%；西北区蔬菜播种面积所占比例从 2011 年的 8. 13%上升到 2016 年的 8. 35%；东北区蔬菜播种面积所占比例从 2011 年的 3. 72%下降到 2016 年的 3. 28%。

黄淮海与环渤海区蔬菜产量所占比例最高，2011 年为 39. 51%，2016 年下降到 36. 63%。长江区蔬菜产量所占比例也较高，从 2011 年的 32. 19%上升到 2016 年的 33. 15%。

从变化趋势来看，西南区蔬菜播种面积上升的幅度最大，从 2011 年的 1443. 65 千公顷上升到 2016 年的 2090. 58 千公顷，上升幅度达 44. 81%。西南区蔬菜产量的上升幅度也较大，2016 年比 2011 年增长 48. 53%。华南区蔬菜播种面积上升的幅度也较大，2016 年比 2011 年增长 17. 94%。西北区蔬菜产量上升幅度也较大，2016 年比 2011 年增长 27. 19%。西北区蔬菜单位产量 2016 年比 2011 年上升了 8.98%（见表 5-1）。

表 5-1　2011 年与 2016 年我国蔬菜生产区域分布及变化

单位：千公顷，万吨，千克/公顷

地区	2011 年			2016 年		
	蔬菜播种面积	蔬菜产量	单位面积产量	蔬菜播种面积	蔬菜产量	单位面积产量
华南区	3153.85	7189.86	22797.09	3719.76	9029.30	24273.88
长江区	7425.75	21868.09	29449.00	8493.21	26449.89	31142.39
西南区	1443.65	2590.05	17940.98	2090.58	3847.09	18402.02
西北区	1596.61	6244.54	39111.24	1863.37	7942.45	42624.12
东北区	730.82	3201.48	43806.68	733.37	3291.53	44882.26
黄淮海与环渤海区	5288.48	26835.65	50743.60	5428.01	29219.45	53830.87
合计	19639.16	67929.67	34588.89	22328.30	79779.71	35730.31

（2）需求侧，城镇和农村居民人均消费量分别呈下降和上升趋势。

从表 5-2 的数据可以看出，从 2011 年起，我国城镇居民人均蔬菜消费量呈现波动下降趋势。20 世纪 80 年代，我国城镇居民人均蔬菜消费量平均为 149.43 千克。到 2011 年，城镇居民人均蔬菜消费量已经下降到 114.60 千克，到 2016 年进一步下降到 107.50 千克，比 2011 年减少 6.20%。城镇居民人均蔬菜消费之所以呈现如此情形，主要是因为随着城镇居民可支配收入的增加，城镇居民的饮食结构不断调整，城镇居民购买肉、蛋、奶、水产品、水果的数量不断增长，城镇居民家庭人均消费牛羊肉、猪肉、禽类、鲜蛋、水产品、鲜奶、鲜瓜果的数量均呈明显增长趋势。

表 5-2　2011～2016 年我国城镇居民人均蔬菜消费量

单位：万人，元，千克，%

年份	城镇居民人口数	较上年增幅	城镇居民人均可支配收入	较上年增幅	城镇居民人均蔬菜消费量	较上年增幅
2011	69079	3.14	21809.80	14.13	114.60	-1.29
2012	71182	3.04	24564.70	12.63	112.30	-2.01

续表

年份	城镇居民人口数	较上年增幅	城镇居民人均可支配收入	较上年增幅	城镇居民人均蔬菜消费量	较上年增幅
2013	73111	2.71	26955.10	9.73	103.80	-7.57
2014	74916	2.47	28843.85	7.01	104.00	0.19
2015	77116	2.94	31194.83	8.15	104.40	0.38
2016	79298	2.83	33616.25	7.76	107.50	2.97

从表5-3的数据可以看出，从2011年起，我国农村居民人均蔬菜消费量呈现略上升的趋势。20世纪80年代，我国农村居民人均蔬菜消费量平均为132.28千克，20世纪90年代，我国农村居民人均蔬菜消费量出现明显下滑趋势。进入2011年，我国农村居民人均蔬菜消费量下降到89.40千克，2012年下降到84.70千克，从2013年开始人均消费量波动回升，到2016年回升到91.50千克。农村居民人均蔬菜消费量略上升的主要原因是农村居民纯收入的增加，农村居民的饮食结构不断变化，促进农村居民对蔬菜的消费数量增长。

表5-3　2011~2016年我国农村居民人均蔬菜消费量

单位：万人，元，千克，%

年份	农村居民人口数	较上年增幅	农村居民纯收入	较上年增幅	农村居民人均蔬菜消费量	较上年增幅
2011	65656	-2.17	6977.30	17.88	89.40	-4.18
2012	64222	-2.18	7916.60	13.46	84.70	-5.26
2013	62961	-1.96	8895.90	12.37	90.60	6.97
2014	61866	-1.74	10488.90	17.91	88.90	-1.88
2015	60346	-2.46	11421.70	8.89	90.30	1.57
2016	58973	-2.28	12363.40	8.22	91.50	1.33

随着我国农产品加工业的蓬勃发展，蔬菜加工的需求也呈现不断增长的态势。蔬菜加工的目标市场既包括国内市场，也包括国际市场。

根据统计数据，我国蔬菜加工业发展迅速，特色优势明显，促进了出口贸易。据农业农村部不完全统计，2016年我国蔬菜加工行业规模以上企业数量达

2274家，我国蔬菜加工行业规模总资产达1721.15亿元；行业销售收入为3736.39亿元；2016年蔬菜加工行业利润总额为278.37亿元。2009年，我国蔬菜加工业消耗鲜菜原料9200万吨，加工率达14.9%。

5.3.2 价格形势分析

根据国家统计局50个城市食品价格数据，2017年蔬菜价格波动呈现明显的季节性特征，蔬菜平均价格在春节前后（2017年2月上旬）达到历史最高，此后随着季节变化、蔬菜供应量大幅度增加，蔬菜价格逐渐回落。大白菜、豆角、黄瓜和芹菜的价格分别从2017年2月上旬的3.02元/千克、12.85元/千克、9.05元/千克和6.49元/千克下降到2017年6月上旬的2.80元/千克、8.05元/千克、4.60元/千克和5.80元/千克，土豆、番茄和油菜的价格分别从2017年2月上旬的4.73元/千克、9.35元/千克和5.63元/千克下降到2017年6月上旬的4.16元/千克、6.09元/千克和4.79元/千克，其中，黄瓜价格下降幅度最大，达49.17%，其次为豆角和番茄，下降幅度分别达37.35%和34.87%。从2017年下半年的蔬菜价格变化来看，除大白菜和土豆价格呈现下降趋势之外，其他蔬菜价格均呈现上升趋势。大白菜和土豆的价格分别从2017年6月上旬的2.80元/千克和4.16元/千克下降到2017年12月下旬的2.42元/千克和4.05元/千克，分别下降了13.57%和2.64%。豆角、黄瓜和芹菜的价格分别从2017年6月上旬的8.05元/千克、4.60元/千克和5.80元/千克上升到2017年12月下旬的12.05元/千克、6.61元/千克和6.43元/千克，分别上升了49.69%、43.70%和10.86%。番茄和油菜价格分别从2017年6月上旬的6.09元/千克和4.79元/千克上升到2017年12月下旬的6.33元/千克和5.62元/千克，分别上升了3.94%、17.33%（见图5-4）。

5.3.3 贸易形式分析

蔬菜是我国重要的出口农产品之一，为农民增收、出口创汇发挥了积极作用。我国蔬菜产业技术方面进步较快，培育新品种、设施栽培以及无公害生产模

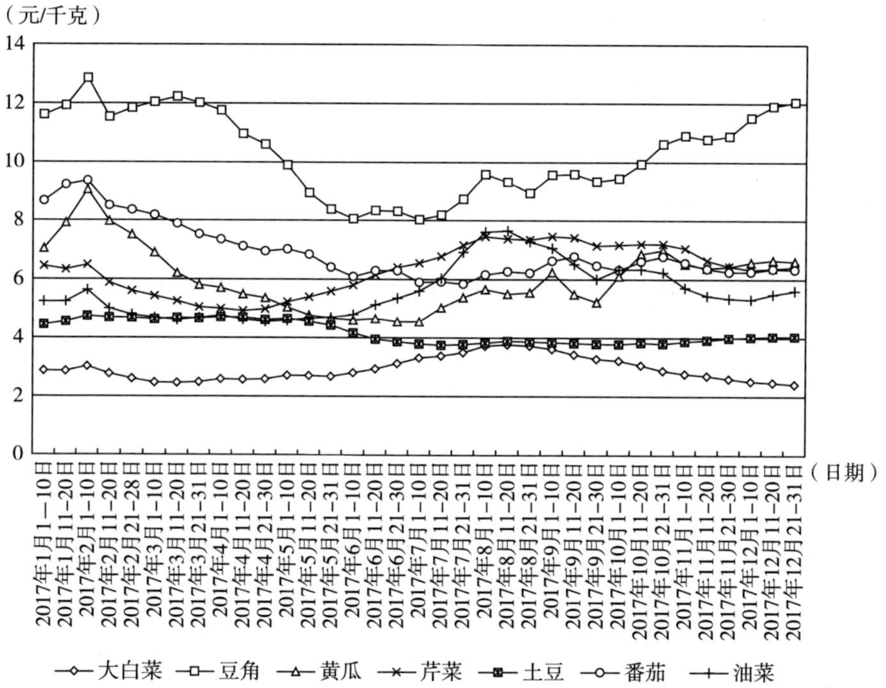

图 5-4　2017 年我国 50 个城市主要蔬菜品种平均价格变动情况

式的普及，提高了蔬菜的质量和品种类型，增强了出口的竞争力。近年来，我国蔬菜的出口量保持上升态势，从 2011 年的 969.50 万吨波动上升到 2016 年的 1009.77 万吨，上升幅度为 4.15%。随着人们生活水平的日益提高，人们对蔬菜及制品的需求不断多样，我国蔬菜进口量亦呈现明显的增长趋势，从 2011 年的 117.15 万吨波动上升到 2016 年的 147.23 万吨，上升幅度达到 25.67%（见表 5-4）。

表 5-4　2011~2016 年我国蔬菜进出口情况

单位：吨，万美元，美元/千克

年份	出口量	出口额	出口价格	进口量	进口额	进口价格
2011	9695009.60	167318.60	0.17	1171510.50	32566.10	0.28
2012	9310339.80	222121.90	0.24	997272.30	41487.80	0.42
2013	9612077.90	208368.60	0.22	1158492.40	42231.20	0.36

续表

年份	出口量	出口额	出口价格	进口量	进口额	进口价格
2014	9760010.90	221957.40	0.23	1249519.40	51410.30	0.41
2015	10179879.10	244309.10	0.24	1326603.30	53982.80	0.41
2016	10097748.00	249252.00	0.25	1472264.80	52917.70	0.36

我国蔬菜出口额在出口量和出口价格不断上升的基础上呈现出较快的增长趋势，从2011年的167318.60万美元上升到2016年的249252.00万美元，上升幅度为48.97%。进口额从2011年的32566.10万美元波动上升到2016年的52917.70万美元，上升幅度为62.49%。

我国出口蔬菜价格呈现增长趋势，从2011年的0.17美元/千克上升到2016年的0.25美元/千克。但是出口蔬菜价格仍然明显低于进口蔬菜价格，进口蔬菜价格同样呈现增长趋势，从0.28美元/千克波动上升到0.36美元/千克。

从分国家或地区来看，我国蔬菜出口主要集中在东盟、日本、中国香港、韩国、欧盟、美国、俄罗斯等国家和地区。根据联合国商品贸易统计数据库（UN Comtrade）2016年数据进行整理发现，我国对东盟蔬菜出口额最大，达41.51亿美元，占中国对世界蔬菜出口额的1/4。其次，对日本出口额也非常大，达21.79亿美元，占15.17%。中国对中国香港、韩国和欧盟的蔬菜出口额分别为15.49亿美元、12.34亿美元和11.90亿美元，分别占10.78%、8.59%和8.28%。从表5-5可以看出，中国2016年对前20名国家和地区的蔬菜出口额累计达133.13亿美元，占中国对世界蔬菜出口额的92.64%，在一定程度上表明我国蔬菜出口市场相对比较集中的态势。

表5-5 2016年我国蔬菜出口额排名前10的国家和地区

单位：亿美元，%

序号	国家和地区	出口额	占比
1	东盟	41.51	28.89
2	日本	21.79	15.17
3	中国香港	15.49	10.78

续表

序号	国家和地区	出口额	占比
4	韩国	12.34	8.59
5	欧盟	11.90	8.28
6	美国	9.51	6.62
7	俄罗斯	5.55	3.86
8	巴西	3.27	2.28
9	阿联酋	2.00	1.39
10	加拿大	1.57	1.09
11	沙特阿拉伯	1.22	0.85
12	巴基斯坦	1.14	0.80
13	中国台湾	1.13	0.79
14	澳大利亚	1.11	0.77
15	贝宁	0.70	0.48
16	印度	0.68	0.48
17	南非	0.60	0.42
18	孟加拉国	0.55	0.38
19	尼日利亚	0.55	0.38
20	斯里兰卡	0.51	0.35
合计		133.13	92.64

从进口量来看，我国蔬菜进口主要集中在东盟、加拿大、美国和欧盟。2016年的联合国商品贸易统计数据显示，我国从东盟进口蔬菜达773.961万吨，进口额达14.32亿美元，进口量和进口额分别占中国对世界蔬菜进口量和进口额的86.10%和67.77%。东盟是我国蔬菜贸易最主要的伙伴。我国从加拿大进口蔬菜达93.117万吨，进口额达3.43亿美元，分别占中国蔬菜进口量和进口额的10.36%和16.48%，排名第二。我国从美国进口蔬菜达18.518万吨，进口数量排名第三，进口额达1.75亿美元，也排名第三。我国从欧盟进口蔬菜达5.597万吨，进口额达0.50亿美元，进口量和进口额排名均为第四。从合计情况来看，前10名国家和地区的蔬菜进口量合计占中国蔬菜进口量的99.93%，前10名国家和地区的蔬菜进口额合计占中国蔬菜进口额的99.22%。如表5-6所示，我国

蔬菜进口更加集中在特定国家和地区。

表5-6 2016年我国蔬菜进口量排名前20的国家和地区

单位：万吨，%

序号	国家和地区	进口量	占比
1	东盟	773.961	86.10
2	加拿大	93.117	10.36
3	美国	18.518	2.06
4	欧盟	5.597	0.62
5	印度	3.247	0.36
6	澳大利亚	1.299	0.14
7	新西兰	1.037	0.12
8	朝鲜	0.745	0.08
9	土耳其	0.402	0.04
10	巴基斯坦	0.381	0.04
合计		898.300	99.93

5.3.4 蔬菜产业发展新形势

5.3.4.1 高端蔬菜进一步抢占市场

据统计，2015年中国绿色蔬菜消费总量达2000万吨，城市居民人均消费30千克，呈现快速增长趋势。高端蔬菜市场需求巨大，现有产能不足。据专家估计，品牌蔬菜在全国流通比例不到2%，存在较大的市场缺口；而目前参与的竞争主体规模不大，普遍以农超对接模式经营，在有机蔬菜高端宅配细分领域有很大的市场发展空间。

5.3.4.2 蔬菜消费方向明显转变

（1）向名、优、特、稀型转化。

一是人们购买趋向时令菜、反季节菜。在淡季，花菜、番茄、韭菜等更加畅销。在冬季北方市场上，南方生产的黄瓜、花菜、西洋芹等颇受欢迎。二是大路菜销售减少，细菜消费量增加。三是西菜，是从国外引进的高档蔬菜品种的总称，市场广阔，除饭店、宾馆需求趋旺外，已进入普通居民家庭。近年来，在广东、广西、福建等省份发展较快。西菜适应性强，具有丰产性、抗病性，我国南北各地均可种植。目前，栽培种类主要有风味西菜、袖珍西菜、花粉西菜、营养西菜、色彩西菜等。

（2）向营养保健发展。

当人们对吃饱、吃好的要求满足之后，就寻求能预防疾病、强健身体的食品，以达到延年益寿的目的。从营养学分析来看，蔬菜是重要的功能性食品，因为人类需要的六大营养素中的维生素、矿物质和纤维素主要来源于蔬菜，而且某些营养素还是蔬菜独有的。如果人们缺少蔬菜中某种营养素，不仅影响人体健康，而且还会导致某些疾病产生。

因此，不少消费者到市场选购具有营养价值高和保健功能的蔬菜。主要表现在：一是营养价值高、风味好的豆类、瓜类、食用菌类、茄果类蔬菜已由数量型向质量型发展；二是营养价值高的南方菜，如花菜、生菜、绿菜花、紫甘蓝等销势看好；三是一些具有保健医疗功能的野生蔬菜身价倍增，成为菜中精品，各地正致力采集、驯化栽培、加工利用，以供应市场的需要。

（3）向方便净菜发展。

为了适应城市快节奏、高效率的需要，净菜悄悄上市了。所谓净菜，就是蔬菜采收后，进入5℃~7℃的低温加工车间，在这里完成预冷、分选、清洗、干燥、切分、添加、包装、贮藏、质检等工序，净菜只要稍加清洗，便可入锅烹炒了。

（4）向工业食品发展。

蔬菜工业食品包括原料贮存、半成品加工和营养成分分离、提纯、重组等。发达国家工业食品在食品消费中所占的比例较大，一般达80%，有的高达90%，而我国只占25%。我国蔬菜工业食品除传统的腌渍、制干、制罐等加工工艺外，已开发出半成品加工、脱水蔬菜、速冻蔬菜、蔬菜脆片等；一些新开发的产品也陆续问世，主要有汁液蔬菜、粉末蔬菜、辣味蔬菜、美容蔬菜、方便蔬菜等；蔬菜深加工迅速兴起，已露出三大走向，即蔬菜面点、蔬菜蜜饯、蔬菜饮料。由于工业食品在品种、质量、营养、卫生、安全、方便和稳定供给方面更适应人们对现代食品的高要求和快节奏生活的需要，已受到广大消费者的青睐。

5.3.4.3 产品竞争转向产业链竞争

越来越多的蔬菜产区开始推行蔬菜标准化生产技术操作规程，调整优化蔬菜种植结构和产品结构，强化产前、产中、产后全程监管，逐步建立起“农民组织化、生产标准化、基地规模化、产品品牌化、经营产业化”的现代蔬菜产业体系，提高本地区的蔬菜竞争力。

5.3.4.4 蔬菜加工发展滞后

蔬菜与小麦、稻米等其他粮食作物相比，平均储藏时间比较短，损耗大，如果需要储藏时间较长，需要必要的冷藏设施。随着消费习惯的改变，消费者购买净菜的比例上升，但我国绝大部分地区蔬菜重生产、轻初级加工。蔬菜的初级加工是在产地进行必要的商品化处理。从现实情况来看，导致初级加工比例较低的主要原因在于田间预冷处理设施和技术存在瓶颈：一是设施和技术需要进一步提高完善，促使商品化处理的成本降低和效果更好；二是预冷设施的数量需要增加，应朝向按照蔬菜种植面积配置预冷、冷藏、清洗、分级等设施的方向发展。

5.3.5 M县设施瓜菜产品的主攻市场

M县地处河西走廊核心地段，是“丝绸之路”的重镇。在“一带一路”倡议与市级国际陆港建设机遇背景下，M县瓜菜产品市场在有效补充我国东部沿海需求的同时，应积极探讨向中西亚和欧洲进军的可能性。

5.3.5.1 欧洲贸易伙伴蔬菜需求情况

（1）欧盟蔬菜市场需求情况。

FAO数据显示，2016年欧盟进口的蔬菜主要是冷冻蔬菜、腌渍蔬菜、新鲜蔬菜、脱水蔬菜及冷冻的腌渍蔬菜（见图5-5）。其中，冷冻蔬菜进口量达273.37万吨，腌渍蔬菜及冷冻的腌渍蔬菜进口量达227.07万吨，新鲜蔬菜进口量达103.27万吨，脱水蔬菜进口量达39.46万吨。分析欧盟蔬菜进口的类别，有助于我们根据欧盟蔬菜的进口需求制定有针对性的出口策略。欧盟共有27个成员国，其中有11个是我国“一带一路”倡议合作国家，利用好“一带一路”倡议发展契机，将开拓好“一带一路”倡议合作国家市场作为进入欧盟市场的落脚点，是M县可以选择的有效发展策略。

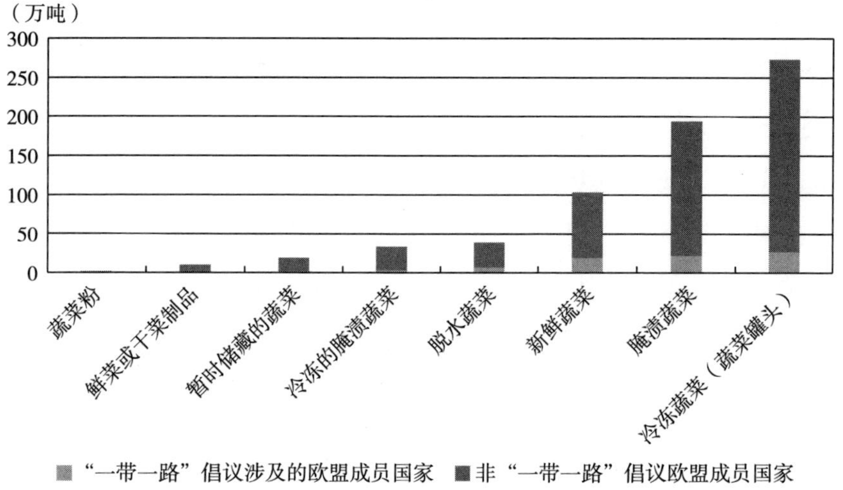

图5-5 2016年欧盟主要进口蔬菜品种情况

资料来源：联合国粮农组织贸易数据库。

（2）欧洲其他主要贸易伙伴蔬菜需求情况。

除欧盟成员国外，欧洲地区的市场仍有其他可开发的空间，特别是除11个欧盟成员国是我国“一带一路”倡议重点建设的贸易伙伴国外，还有6个欧洲国家也是“一带一路”沿线重要贸易伙伴，包括俄罗斯、白俄罗斯、乌克兰、塞尔维亚、阿尔巴尼亚、摩尔多瓦。进一步分析这几个国家的进口情况，其主要需求的蔬菜品类是冷冻蔬菜、腌渍蔬菜、新鲜蔬菜、脱水蔬菜（见图5-6）。

5.3.5.2 中亚贸易伙伴蔬菜需求情况

从M县地理区位来看，开拓中亚与西亚市场应是优先选择。中亚五国塔吉克斯坦、乌兹别克斯坦、吉尔吉斯斯坦、哈萨克斯坦和土库曼斯坦是“一带一路”倡议重点合作国家。建设与中亚五国的贸易伙伴关系，既具有较强的可操作性，又对打通去往欧洲的市场具有积极的意义。FAO 数据显示，中亚五国对新鲜蔬菜的需求量较大，其次是腌渍蔬菜以及醋泡蔬菜（见图 5-7）。

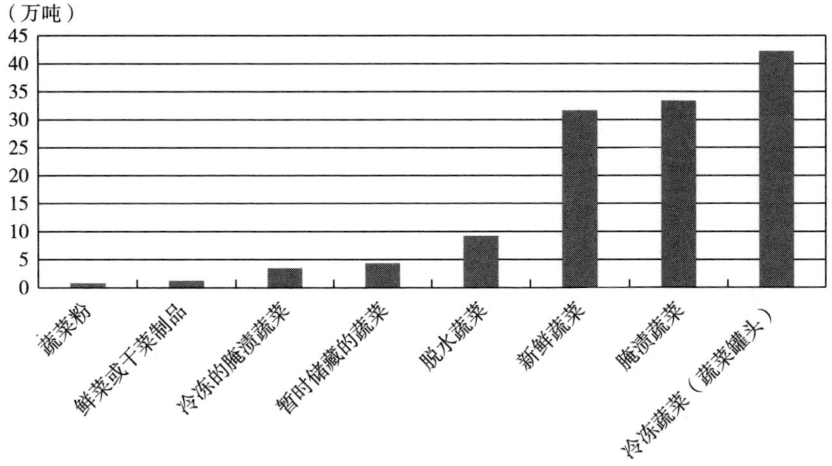

图 5-6　2016 年其他欧洲国家主要进口蔬菜品种情况

资料来源：联合国粮农组织贸易数据库。

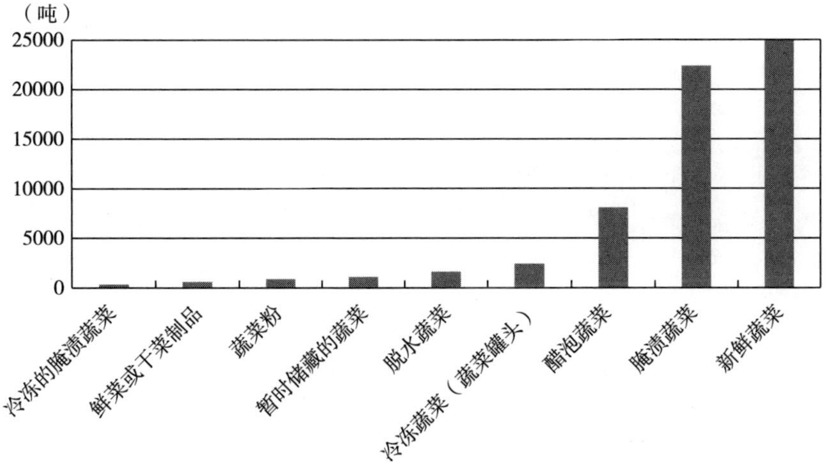

图 5-7　2016 年中亚五国主要进口蔬菜品种情况

资料来源：联合国粮农组织贸易数据库。

M 县应积极发挥对中亚出口市场的有利区位优势，结合中亚国家饮食风俗习惯，主动占据其新鲜蔬菜、腌渍蔬菜市场供应份额。

5.3.5.3　西亚贸易伙伴蔬菜需求情况

西亚地区涉及较多的“一带一路”沿线国家，目前，西亚已有 15 国列为“一带一路”倡议重点发展伙伴。与西亚的贸易也是未来重点发展方向。从 FAO 进口数据来看，西亚与中亚地区对蔬菜品类的需求较为相似，新鲜蔬菜、腌渍及醋泡蔬菜、冷冻蔬菜是其主要进口的蔬菜品类（见图 5-8）。发展对中亚与西亚的蔬菜出口贸易是 M 县应考虑的重要战略选择。

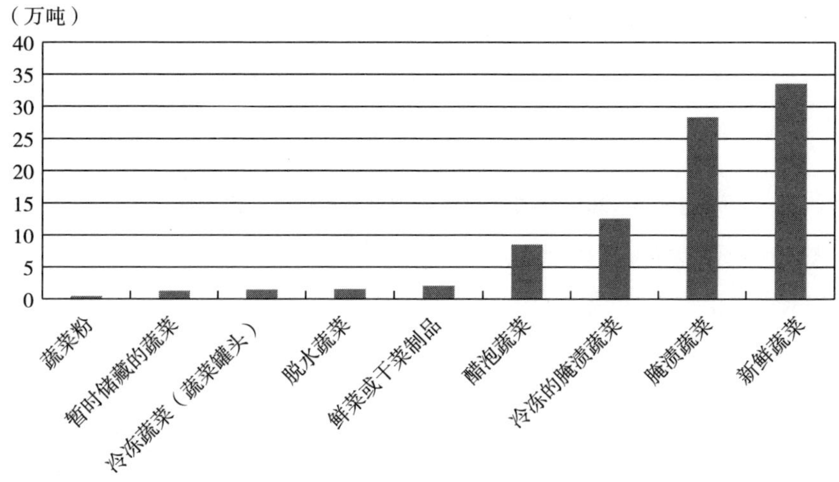

图 5-8　2016 年西亚国家主要进口蔬菜品种情况

资料来源：联合国粮农组织贸易数据库。

5.4　设施瓜菜发展思路

坚持“区域化开发、规模化种植、市场化运作”的总体思路，以打造“戈壁有机”瓜菜品牌、全面优化提升蔬菜产业竞争力为主线，立足 M 县蔬菜产业发展优势，调好调顺调优产业结构，创新、创优、创效产品结构，招大引强优化主体结构，提升、改造一批二代棚室，新建一批三代棚室，改善生产条件，加强新品种新技术引进，集成运用有机营养枕、水肥一体化、保护地栽培及光伏新能源等技术，做好储运加工和品牌打造，发展有机设施瓜菜产业，延长产业链、优化供应链、提升价值链、拓宽增收链，促进蔬菜生产、加工、物流、研发、示范、服务等相互融合和全产业链开发。通过改造提升基础设施、建设现代育苗引种基地、推进科技创新等举措，推动全县设施瓜菜产业基本形成技术装备先进、经营规模适度、生产方式绿色、营销品牌化、辐射带动有利的发展格局。

5.5 设施瓜菜发展重点

5.5.1 改造提升瓜菜设施大棚

考虑到 M 县当前瓜菜设施大棚以二代棚室为主，而且老化、破损严重，升级改造日光温室大棚建议建设以节地、钢架结构的新型日光温室为主，探索试验新型主动蓄放热日光温室，因地制宜进行改进、推广，提高设施标准，最大限度利用热能（见图 5-9）。

图 5-9 蔬菜设施改造与新建规划

考虑到M县降雨少，光热资源丰富，重点推荐新型土壤固化剂夯土墙日光温室和“主动蓄能式”日光温室。

新型土壤固化剂夯土墙日光温室。采用专利土壤黏合固化剂与土壤混合，利用建筑模板进行夯筑，后墙厚度在一米之内（见图5-10）。该温室水稳定性良好，能经受外部雨水及内部水汽的浸泡；墙体板结固化效果好，抗压强度高，经久耐用。可以支撑棚架，抵抗大雪和大风，寿命在30年以上。蓄热保温效果良好，厚重的墙体能储存大量的热量，保温效果比传统砌体蔬菜大棚要好得多，同比红砖砌体墙能节省工程成本约25%。

图5-10 新型夯土墙日光温室建造技术

中国农业科学研究院农业环境与可持续发展研究所研发的“主动蓄能式”日光温室（见图5-11）。白天利用低碳的流体介质不断将到达墙体表面的太阳辐射能吸收并蓄积起来，夜晚再通过流体的低碳释放热量，变被动为主动，热能蓄积释放的效率成倍提升，显著提高了日光温室冬季夜晚温度，而且还可有效减少北墙厚度，实现温室结构的轻简化（见图5-12）。

5.5.2 建设瓜菜育苗育种基地

建设2个年育苗能力5000万株的工厂化蔬菜育苗中心，每处建设现代化智能9连栋日光温室1座和高标准日光温室20栋，开展育苗基质的配制筛选穴盘，确保年供应蔬菜种苗2500万株以上。9连栋日光温室每座占地20亩，高标准日

图 5-11　新型主动蓄放热日光温室

注：1 为供水管；2 为阀门；3 为进水管；4 为黑膜；5 为水幕；6 为黑膜；7 为保温层；8 为集水槽；9 为回水管。

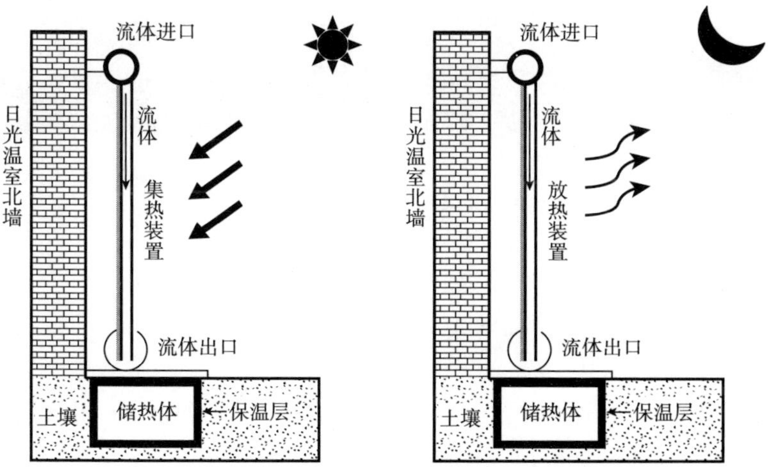

图 5-12　新型日光温室主动蓄放热机理示意图

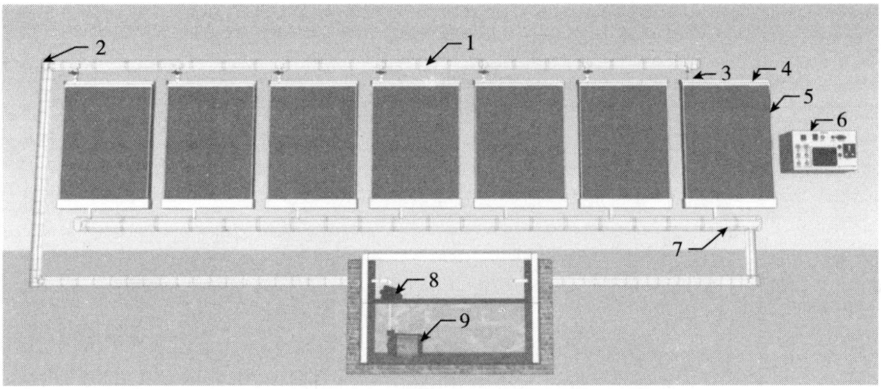

图 5-12　新型日光温室主动蓄放热机理示意图（续）

光温室规格标准为 86 米×10 米，结构为砖墙、全钢架、后坡竹胶棉+轻型保温材料，配备卷帘机、保温被、双层膜，带动育苗产业标准化、规模化生产（见图 5-13）。

图 5-13　现代化蔬菜育苗育种基地规划

5.5.3　推广设施瓜菜高效节水

在瓜菜设施中，开展恒压供水及自动反冲洗过滤工程、田间管道及滴灌工程、水肥一体化智能滴灌工程，后期进一步配备远程智能决策服务平台。恒压供水及自动反冲洗过滤工程通过离心过滤加自动反冲洗两级过滤为灌溉施肥系统提供水源水质、压力保证，水肥调控系统利用混、注、配方式实现水肥的比例控制，最后将灌溉水肥通过田间管网和基础喷灌设施输送并喷施至作物生长区。智能决策服务平台作为整个系统“心脏”：一方面，通过对首部和田间管网的工况信息的监测和控制保证水肥调控系统的可靠协调运转，并对运行故障及时预警；另一方面，通过对内置模型控制，对灌水量和灌水时间、施肥量施肥时间进行决策分析，并利用自动控制网络发送至核心控制设备，实现水肥联合调控。系统整体工作流程：智能云灌溉终端通过湿热监测传感器、水肥环境监测传感器实时监测温室内空气温度、空气湿度、光照强度、二氧化碳浓度、土壤温度、土壤湿度等传感器信息，通过 GPRS 网络将上述监测数据发送至远程灌溉智能决策服务平台；灌溉智能决策服务平台接收到数据后，对数据进行处理分析，通过作物种植信息和内置的模型，形成灌溉决策指令，并将指令发送到水肥一体自动灌溉控制系统或通过声光报警、短信提醒等方式发送至生产管理人员；水肥一体化智能滴灌控制系统接收到决策指令后即可打开电磁阀，通过田间基础喷灌工程为作物生长提供水肥环境，亦可由生产管理人员人为干预，对肥药进行调整，促进作物生长，抑制病虫害发生。

5.5.4 建设沙漠戈壁农业示范园

以现代农业产业发展为目标，以产品为单元，围绕 M 县农作物生产力突破、资源高效利用、生态与生物安全、新型农业生产方式等战略性、关键性科学领域，与中国农业科学院、省农业科学院联合建设现代生物引种与示范中心、现代农业高效生产体系创新与示范工程中心、智慧农业研发中心。

5.5.4.1 现代生物引种与示范中心

瞄准主要农作物高产、优质、多抗重要品种的新突破，显著提升我国生物种业的国际竞争力，运用基因组学、分子育种和生物信息学等现代高技术和重大装备，通过跨学科融合、上下游衔接，打造大通量、规模化、数字化、工程化的现代生物育种设施平台。重点建设以下两个研发平台。第一，国家作物引种材料创新与新品种研发平台：重点建设高精度、高通量、自动化的表型鉴定设施群（耐旱、耐盐碱、养分利用、抗病虫等），人工气候与智能温室设施群，生物育种全程自动化信息采集与数据分析系统、规模化遗传转化设施等。第二，植物新品种与优质高产技术展示平台：重点建设标准化、定量化的新品种选育与展示圃，符合生物安全规范的转基因作物隔离试验区，机械化、信息化高产技术集成配套试验示范区。

5.5.4.2 现代农业高效生产体系创新与示范工程中心

针对未来现代农业信息化、机械化、规模化、高效生产等发展趋势，围绕构建有中国特色的现代化农业生产体系、打造干旱半干旱区新的农业特色产区等战略问题，以大幅度提高水肥、耕地等利用率为重点，构建生产生态协调、良种良法配套、农机农艺融合的现代农业高效生产技术体系。重点建设三个研发平台。第一，高效节水农业新技术创新平台：重点建设多种原状土水盐运移模拟设施，喷微灌设备水力学试验装备，大型渗滤池、蒸渗仪、自动化防雨旱棚等试验设施，污水灌溉和粮食作物滴灌田间试验设施，原位实时的水碳通量测定和液态水同位素分析仪等大型仪器装备，以及土壤—植物—大气系统水分信息感知、获取、分析的物联网系统等。第二，耕地资源与土壤养分高效利用研发平台：重点建设现代化、高精度、高效率耕地与作物信息遥感获取与处理设施群，面向服务的、智能化、自动化耕地资源合理高效利用决策支持装备群，空间信息技术支持的农业资源高效利用示范区；土壤物理化学过程模拟设施和设备，耕地质量再生和养分循环利用田间试验设施设备，土壤和植物营养元素信息感知、获取、诊断和决策的物联网系统等。第三，土壤肥料资源高效利用研发平台：重点推进以提高土壤肥料资源高效利用为目的的高产土壤培肥，中低产土壤治理，土壤质量评价新技术和缓/控释肥料，增效肥料，固氮、解磷、解钾、促生、降解微生物菌剂，复合微生物肥料，生物有机肥料，新型植物营养功能材料，土壤调理剂与肥料增效剂等新产品及配套中试设施的研发，以及试验、示范、推广基地的建设。

5.5.4.3 智慧农业研发中心

瞄准未来农业的精准化管理与智能化服务关键技术突破，显著促进我国农业信息化与现代化的深度融合，运用物联网、云计算、大数据等现代信息技术及大空间试验装备，通过信息技术专家与农业领域专家的协作，建设集田间试验、模拟仿真、科学计算相结合的智慧农业研发空间。重点建设三个研发平台。第一，大田物联网技术研发平台：建设面向大规模作物种植的现场生产数据采集、处理、分析与数据可视化技术研发装置；建立集虚拟实验环境与全天候农田精细生产展示于一体的物联网技术实验园；建设规模化作物种植的生产管理自动化、智能化的机电一体化示范区，为农业物联网技术应用以及农业信息化最新成果的应用提供实景性研究空间。第二，植物生长过程数字化模拟研发平台：建立植物、环境、管理措施数字化模拟技术研究试验园，支撑实现主要瓜菜作物和果树全生长季节的模拟与可视化设计研究；构建作物器官形成模型及植株形态结构分级的模型研究系统，建成植物生长过程实时感知和交互控制研究平台；建设果树植物生长三维形态模型和虚拟建模技术研究空间，实现基于田间信息的实验室三维可视化植株快速建模。第三，农业监测预警与仿真研发平台：重点建设农业监测预警研究大型实验平台，推动农业预警技术从理论研究向实验仿真研究转变；建设基于实时数据的农业风险评估实验环境，建设多数据融合处理技术研究新型空间；建立预警信息的分级控制定向发布研究平台，实现灾害预警信息发布和应急指挥过程的模拟和演示。

5.5.5 升级蔬菜深加工生产线

根据瓜菜加工过程中贮藏保鲜、冷冻脱水、净菜包装、干制腌制、粉汁饮料、糖制罐制等工艺的制作要求，引进、购置国际先进的生产线，提高 M 县瓜菜深加工能力。重点引进速冻蔬菜、保鲜蔬菜加工生产线，实现优质蔬菜向高端蔬菜的转换（见图 5-14）。

5.5.6 建设蔬菜储藏保鲜设施

根据消费需求和季节变化，建设冬春淡季蔬菜储备设施，增强蔬菜反季供应能力，建立大型冷库和贮菜窖，提高秋冬季蔬菜贮藏能力；建立蔬菜气调保鲜库，发展冷藏运输机械，完善蔬菜产、贮、销冷藏链，提高淡季鲜食玉米、冷冻蔬菜等蔬菜产品的总体供应水平（见图 5-15）。

图 5-14　蔬菜深加工生产线规划

图 5-15　蔬菜储藏保鲜设施规划

5.5.7　积极开展新品种引进

M 县属于西北冷凉蔬菜产区，适宜多类瓜菜品种的种植，当前主栽品种有番茄、人参果、西甜瓜、小乳瓜、西葫芦、黄瓜、辣椒、韭菜、沙葱等特色优势产品 10 大类 100 多种。按照市场消费导向和国家政策支持方向，综合 M 县自然资源特征，未来建议种植药食同源类瓜菜，重点引进油豆角、芦笋、黄秋葵、彩椒、丝瓜、笋瓜、山药、鲜食玉米、贝贝南瓜、木瓜等品种。

5.5.8 引进推广新式栽培技术

5.5.8.1 有机生态型无土栽培

有机生态型无土栽培适用于土质较差但需发展有机瓜菜产业的区域。不用天然土壤而使用基质，不用传统的营养液灌溉植物根系而使用有机固态肥并直接用清水灌溉作物的无土栽培技术。用这种方式生产的蔬菜，用药用肥少，洁净卫生，是真正的“绿色食品蔬菜”。有机生态型无土栽培必须在保护地中应用，必须有充足的水源，将温室彻底清理干净，同时用臭氧或紫外线充分消毒。

用红砖、塑料板、水泥板等建造栽培槽，也可直接在棚内下挖，然后铺聚乙烯膜与土壤隔离。栽培槽的标准是高20~25厘米，宽45~50厘米，槽距70~80厘米，南北走向。灌溉系统：每槽内铺设滴灌带2条，也可用其他金属和塑料供水管道。栽培基质：用草炭、炉渣的混合基质，两者的比例为4∶6，适合多种作物栽培。肥料配比：①全有机型。消毒膨化鸡粪、豆饼为2∶1，能达到高档有机食品的要求。②有机无机型。专用肥、消毒膨化鸡粪比为3∶7，能达到绿色食品A级以及无公害食品要求。全有机型的，每立方米基质中混入10千克消毒鸡粪，5千克豆饼；有机无机型的，每立方米基质中加7千克消毒鸡粪，3千克专用肥。育苗采用工厂化育苗，当幼苗1心上有5、6叶，株高15~20厘米，苗龄30~40天时，即可定植在栽培槽中。

在槽中铺上5厘米厚的石子，石子上铺上编织带，然后将混匀的基质装入备好的槽中整平，最后用自来水对每个栽培槽进行大水漫灌。待水分渗下去后，再覆盖薄膜10~15天，以利肥料充分分解。

将幼苗定植在栽培槽中，茄果类蔬菜的株距为30~50厘米，每槽栽两行，苗子最好相互交错栽培，定植后要立即浇水。视情况定期滴灌，也可采用电脑进行自动化浇灌。追肥一般在定植后20天左右开始，此后每10天追施1次，将肥料均匀撒在离根5厘米以外的周围，每次每立方米基质加入2.5千克有机肥。

有机栽培一般采用臭氧灭害仪或紫外线消毒器进行灭菌，用防虫网封闭放风口，以防止害虫传播。

图 5-16　袋式栽培

5.5.8.2　立柱式栽培

立柱式栽培适用于叶类蔬菜。把叶类蔬菜的无土栽培从单层平面栽培提升到立体栽培，提高了土地利用率。立柱栽培兼具生产与观光休闲功能，可用于农业园区的蔬菜生产，都市观光农业园和植物园、生态餐厅、家庭阳台等的观赏栽培。适用于生产各种叶类蔬菜、矮生花草及草莓等作物。浇水施肥实现自动控制，管理简便（见图 5-17）。

图 5-17　立柱式栽培

5.5.8.3 树式栽培

集成设施、环境、生物、营养和信息等最新技术，最大限度满足蔬菜生长发育的需求，发挥蔬菜生长潜力，达到蔬菜的树式栽培效果。目前蔬菜树式栽培的种类有番茄树（见图 5-18）、南瓜树（见图 5-19）、西瓜树、甜瓜树、黄瓜树、茄子树、甜椒树及叶类蔬菜树等，可充分体现种植蔬菜的科技特色。

图 5-18 番茄树

图 5-19 南瓜树

可采用下列栽培技术：

雾培。一种创新的栽培理念，将蔬菜作物置空中，通过喷雾进行栽培，并在作物的移动过程中展示其根、茎、叶、花、果、实。创造观光农业技术亮点，进行科普教育，搭建科技传播的良好平台（见图 5-20）。

图 5-20　雾培

多层管式水培。多层立体的管式水培，利用塑料管或竹筒为栽培容器，新颖美观，占地面积小，充分展示了蔬菜栽培的魅力。适用于观光园区、生态餐厅及家庭园艺（见图 5-21）。

图 5-21　多层管式水培

第6章　大田：大田作物全产业链发展

6.1　大田作物产业现状

2017年，M县全县大田作物总播种面积785450亩，占农作物总播种面积837150亩（包括复种）的93.82%，其中粮食作物播种面积247029亩，大田经济作物358014亩，大田甘草、枸杞等药草180407亩。

6.1.1　粮食作物产业现状

小麦和玉米是M县主要大田粮食作物，两者播种面积占粮食播种面积的98.4%，其中小麦播种面积88635亩，玉米播种面积154410亩，分别占粮食作物面积的35.9%和62.5%。根据M县统计局提供的资料，2017年M县粮食总产量154426.1吨，平均亩产625千克，其中小麦亩产为497千克，玉米亩产为704千克。

小麦玉米在17个乡镇都有种植，按照种植面积大小顺序来看，小麦种植前九位乡镇的播种面积为71621亩，产量为35567吨，分别占全县总面积和总产量的80%；玉米种植前十位乡镇的播种面积和产量分别为118323亩和83297吨，分别占全县总面积和总产量的76%。

6.1.2 经济作物产业现状

葵花、蔬菜、瓜类、茴香、甘草、白瓜籽是M县主要大田经济作物，上述6种经济作物播种面积占大田经济作物总播种面积的99.4%，其中，葵花籽播种面积161982亩、蔬菜59705亩、蜜瓜和西瓜53240亩、茴香51523亩、白瓜籽28821亩，分别占经济作物播种面积的45.3%、16.7%、14.9%、14.4%、8.1%。葵花籽总产量58329吨，平均单产360千克；蔬菜总产量474639吨，平均亩产4760千克；瓜类总产量310676吨，平均亩产5466千克；白瓜籽总产量10404吨，平均亩产361千克。

同小麦、玉米一样，17个乡镇均大规模种植葵花籽，种植面积超过1万亩的有5个乡镇。除3个湖区乡镇外，其他14个乡镇均大面积种植蔬菜和白瓜籽，其中有3个乡镇蔬菜种植面积在1万亩以上。与此相对，瓜类种植相对比较集中在5个乡镇，特别是位于前两位的乡镇，合计黄河蜜瓜种植面积和产量均占M县黄河蜜瓜面积和产量的99.6%以上。

6.2 大田作物发展优势

6.2.1 农业绿色发展条件得天独厚

M县具有鲜明的地域特色，县域地势平坦，光照充足，气候干燥，昼夜温差大，相对湿度低，通过长期农业生产实践，当地人民根据地区自然条件与农业特点，大力发展了蜜瓜、茴香、甘草等具有地域特色的农业产业。M县无工业污染，“三面环沙”构筑了天然生态屏障，隔离条件好，是我国发展绿色有机农产品最佳区域之一。M 县按照“当年绿色、两年有机”的发展要求，全面推行有机农产品标准化生产技术，通过出口农产品和有机农产品生产认证，辐射带动全县农业向绿色有机方向发展。2017 年全县共建成大田作物出口农产品标准化生产示范基地 8.6 万亩，出口农产品基地备案 23.75 万亩。以 M 县现代农业示范园和 3 个专业村庄为重点，分别打造番茄、人参果、西瓜、甜瓜等有机农产品生产示范基地 4 个。今后 M 县地区应发展具有比较优势的绿色优质高端出口主导型特色农业，促进地区农产品升级换代，推动农业产业结构的整体调整。

6.2.2　农作物单产水平高，农户新技术接受程度高

表 6-1 列出了 M 县主要大田作物平均单产与全国、本省、本市平均水平的对比数据（数据来源于全国、本省、本市和 M 县的相关统计资料），M 县的小麦、玉米、葵花籽、蔬菜和瓜类单产水平均高于全国和本省平均水平，特别是蔬菜、瓜类单产水平均是全国和本省平均水平的 2 倍，表明 M 县在种植蔬菜、瓜类方面明显具有比较优势。在实地调查中课题组了解到，M 县当地农户受教育水平较高（绝大部分接受高中教育），对农业新技术、新品种、新的农作物栽培技术学习速度快，接受程度高，这可以部分解释 M 县单产水平高的原因。

表 6-1　M 县主要大田作物单产水平对比　　单位：千克

	全国	本省	本市	M 县
小麦	355	234	419	497
玉米	398	373	765	704
葵花籽	175	227	—	360
蔬菜	2380	2379	3867	4760
瓜类	2557	2634	—	5466

6.2.3　节水技术全面推广应用

自 S 河流域综合治理项目实施以来，M 县大力推广膜下滴灌、垄膜沟灌、覆

膜栽培等高效节水技术，通过综合运用工程节水、农艺节水、管理节水等措施，加快建立了低耗水、高效益的节水型农业结构，提高了农业综合生产能力，全县灌溉水利用率提高了10%，年节水达9000万立方米，有效缓解了M县水资源紧缺压力，地下水过度开采现象得到遏制，采补趋于平衡，部分区域地下水位得到回升，生态环境恶化的趋势得到了有效改变，农业生态效益凸显，为今后M县农业可持续发展发挥了积极作用。

6.2.4 农业技术更新换代加快

M县相关政府部门不断引进试验示范和筛选新品种、新技术，大力推广了日光温室、大团作物的十大技术和十大品种。“双十”技术的全面推广落实，使全县农业生产新品种、新技术更新换代步伐不断加快，更新周期不断缩短。目前年引进推广新品种100个以上，新技术20项以上，通过筛选推广抗病性好、适应性强、经济效益显著的新品种和生产效率高、成本低的新技术，有效推动了全县现代设施农业和高效节水农业的健康持续快速发展，促进了全县农业增效、农民增收，农业生产经营效益得到了大幅度提高。

6.3 大田作物发展短板

6.3.1 单方水经济效益尚需提高

M县农业发展最大制约因素是水资源短缺，我国人均水资源量和地均水资源量分别为2355立方米/人和24063立方米/公顷，M县只有1025立方米/人和6150立方米/公顷，分别约为全国平均水平的1/2和1/4。虽然水资源如此短缺，M县绝大部分农作物生产中灌溉方式仍沿用传统的大田漫灌、沟灌、畦灌，滴灌/微喷和移动喷灌尚处于试点示范阶段，尚未大面积推广。表6-2汇总了M县

16个乡镇大田作物单位面积成本收益894个农户调查数据，结果显示，平均而言大田农作物单方水收入4.19元/立方米，单方水收益2.73元/立方米，远低于设施作物单方水收入99.59元/立方米，单方水收益55.82元/立方米。大田作物单方水收入和效益低的原因在于高耗水农作物种植面积过大。表6-2数据表明，M县小麦、玉米亩均耗水量位居主要大田作物前两位，分别为802.74立方米/亩和612.94立方米/亩，分别比最低亩均耗水量的西瓜363.55立方米/亩高出439.19立方米/亩和249.39立方米/亩；然而，小麦、玉米的单方水收益仅分别为0.12元/立方米和1.18元/立方米，西瓜的单方水收益高达53.66元/立方米，分别是小麦、玉米的447倍和46倍。2017年，M县全县小麦和玉米等高耗水大田农作物占总播种面积30%左右，相对而言，耗水较低的西瓜、茴香等大田经济作物种植面积不足农作物总播种面积的10%。

表6-2 M县主要大田作物单位面积成本收益

项目	单位	大田作物	大田玉米	大田葵花	大田小麦	大田茴香	大田西瓜	大田葫芦
观测值	个	894	299	218	194	131	31	21
主产品单产	千克/亩	607.55	890.75	301.86	475.66	253.58	2627.42	193.33
主产品单价	元/千克	3.81	1.76	5.86	2.24	5.45	7.95	10.05
主产品亩均收入	元/亩	2317.40	1569.75	1770.10	1063.76	1380.92	20883.74	1943.46
秸秆收入	元/亩	256.70	370.44	10.18	75.49	682.35	0.00	333.33
亩均总收入	元/亩	2574.10	1940.19	1780.28	1139.25	2063.27	20883.74	2276.79
水费	元/亩	247.85	153.20	150.02	148.47	184.57	76.84	154.93
农膜费	元/亩	29.59	0.00	55.78	6.76	78.53	48.71	56.58
种苗费	元/亩	92.49	120.97	162.37	102.83	19.66	113.87	147.44
肥料费	元/亩	146.62	301.32	213.71	242.02	168.48	236.77	353.78
农药费	元/亩	36.12	39.12	39.19	31.09	27.90	38.61	55.65
机械费	元/亩	130.84	161.59	132.95	134.36	116.92	117.88	169.24
雇工人数	工日/亩	1.42	2.93	2.01	2.83	0.81	0.29	9.00
雇工单价	元/工日	106.55	105.85	110.78	97.32	115.27	103.23	108.57
雇工费用	元/亩	151.77	309.85	223.13	275.15	93.71	29.97	977.14
大棚及设备费	元/亩	0.00	0.00	0.00	0.00	0.00	0.00	0.00

续表

项目	单位	大田作物	大田玉米	大田葵花	大田小麦	大田茴香	大田西瓜	大田葫芦
大棚及设备费折旧（20年）	元/亩	0.00	0.00	0.00	0.00	0.00	0.00	0.00
其他费用	元/亩	63.83	129.19	99.11	105.28	415.48	714.88	119.05
亩均成本	元/亩	899.11	1215.24	1076.26	1045.97	1105.25	1377.53	2033.82
亩均收益	元/亩	1674.99	724.95	704.02	93.28	958.02	19506.22	242.98
渠灌用水量	立方米/亩	202.28	165.47	163.90	263.13	318.78	0.00	103.33
井灌用水量	立方米/亩	411.74	457.19	323.24	539.60	238.51	363.55	597.14
总用水量	立方米/亩	614.02	612.94	448.41	802.74	364.55	363.55	449.41
单方水收入	元/立方米	4.19	3.17	3.97	1.42	5.66	57.44	5.07
单方水收益	元/立方米	2.73	1.18	1.57	0.12	2.63	53.66	0.54

资料来源：根据课题组调研问卷数据整理所得。

6.3.2 绿色农作物播种面积比例太小

如前所述，M县发展绿色有机农产品具有得天独厚的自然条件，然而由于标准化生产技术推行慢，“三品一标”认证农产品数量少，产地准出、市场准入制度不完善，有机农业、绿色生产等技术规范体系尚不健全，对绿色有机农业发展推动力不足，绿色有机农业发展长效机制尚未建立健全，导致优质、绿色、高端农作物种植比例过低而一般产品、大路产品种植面积过大。

6.3.3 市场意识较弱、农业基础设施薄弱

农业物流和农产品市场体系建设发展滞后，市场建设条件差、标准低，设施设备落后，管理缺乏规范，农产品检疫检测手段和体系不完善，特别是市场信息化水平较低，农产品市场尚未建立以计算机技术和网络技术为主的网络通信设施、电子交易平台等市场信息系统。灌溉用基础设施落后，对喷灌、滴灌、微灌等高效节水灌溉方式运用不足，农业灌溉用水水价普遍偏低，无法促进节水灌溉的普及与推广等。M县农田灌溉绝大部分采用大田漫灌、沟灌、畦灌，滴灌/微喷和移动喷灌尚处于试点示范阶段，尚未大面积推广。

6.3.4　土地流转难度大

发展优质高端绿色有机蔬菜瓜果出口基地，打造 M 县农产品品牌，都需要农作物生产达到一定规模，能够保证市场供应。而推广滴灌、微灌等节水设施也都需要农业规模化生产。M 县的实践表明，大田作物连片种植面积超过 200 亩，安装滴灌设备才能达到盈亏平衡点。通过土地流转可以把零星土地从分散的农户手中集中连片，并按效率原则重新配置，从而实现区域化、专业化、规模化发展。但是，目前 M 县土地流转势头尚未形成，大规模土地流转面临一系列问题，为大规模发展绿色有机产品示范基地和大面积推广滴灌等节水设施带来困难。

6.4　大田主要作物市场分析

6.4.1　有机蔬菜市场分析

我国已形成华南与西南热区冬春蔬菜、长江流域冬春蔬菜、黄土高原夏秋蔬菜、云贵高原夏秋蔬菜、北部高纬度夏秋蔬菜、黄淮海与环渤海设施蔬菜六大优势区域，呈现栽培品种互补、上市档期不同、区域协调发展的格局，是世界上最大的蔬菜生产国和出口国。蔬菜产业规模不断增长扩大，成为乡村产业兴旺、促进农民增收的重要产业，2017 年蔬菜总产值超过 2 万亿元，蔬菜总产值约占种植业总产值的 35%，位居第一，亩均净利润 2000 多元，成为带动农民增收的重要渠道。FAO 统计数据显示，2016 年我国蔬菜出口量达 318.9 万吨，占世界蔬菜出口总量的 20%；出口额达 544.5 亿美元，占世界蔬菜出口总额的 24%，排第一位（见图 6-1）。近年来，全球有机蔬菜年贸易量不断增加。原因是一些发达国家的蔬菜自给率持续下降，如英国为 76%，日本为 50%，瑞士为 42.6%，欧美、日本已经成为世界上主要的有机农产品消费市场。

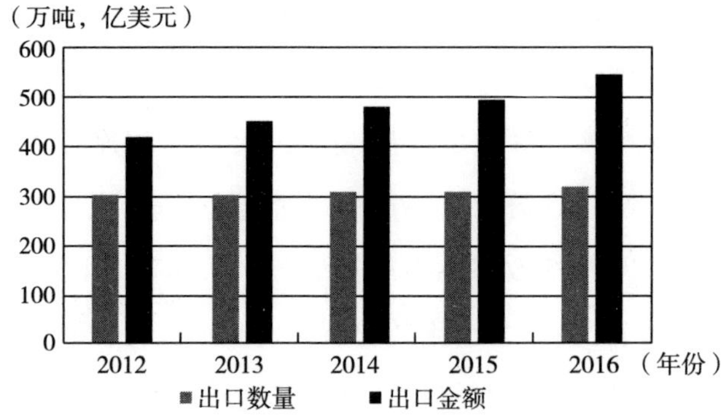

图 6-1　2012~2016 年中国蔬菜及制品出口数量及金额

资料来源：联合国粮农组织国际贸易数据库。

蔬菜对外贸易数据显示，2016 年中国对世界 155 个国家和地区出口了蔬菜及其制品，出口贸易量超过 2 万吨的有 22 个国家和地区，前五大贸易伙伴分别是日本、韩国、中国香港、美国和德国。从世界蔬菜进口情况来看，欧盟是世界上最大的蔬菜贸易区域，其蔬菜进口贸易额占世界蔬菜进口额的比重超过 40%。世界蔬菜贸易较为活跃的地区主要集中于欧洲、亚洲及北美地区，其中，欧盟是蔬菜进出口贸易量最为集中的地区，2016 年我国蔬菜对外出口中，对欧蔬菜出口数量约为 35. 56 万吨，占总出口量的 11. 26%。

根据我国蔬菜出口特点，对于 M 县而言，发展蔬菜出口的外向型农业模式，须结合地理区位特点，找准贸易对象，重点发力，尤为重要的是，借助“一带一路”倡议的发展东风，做好农业出口的“文章”，“一带一路”沿线国家、欧盟地区、中国香港地区应是 M 县重点贸易对象。

FAO 数据显示，中亚五国对新鲜蔬菜的需求量较大，其次是腌渍蔬菜以及醋泡蔬菜。M 县应积极发挥对中亚出口市场的有利区位优势，结合中亚国家饮食风俗习惯，主动占据其新鲜蔬菜、腌渍蔬菜市场供应份额。

西亚地区涉及较多的“一带一路”沿线国家，目前，西亚已有 15 国列为

“一带一路”倡议重点发展伙伴。与西亚的贸易也是M县未来重点发展方向。从FAO进口数据来看，西亚与中亚地区对蔬菜品类的需求较为相似，新鲜蔬菜、腌渍及醋泡蔬菜、冷冻蔬菜是其主要进口的蔬菜品类。发展中亚与西亚的绿色蔬菜出口贸易是M县重要战略选择。

供港蔬菜基地的建设在内地与香港地区蔬菜贸易中发挥了重要的作用，成为推动内地与香港地区蔬菜贸易的重要载体。香港地区是内地第五大蔬菜贸易伙伴，地缘特征决定了内地是供港蔬菜的重要输入来源，M县应积极拓展供港蔬菜基地建设，使对港贸易成为发展外向型农业的重要基石。香港地区的蔬菜需求主要是新鲜蔬菜、冷冻蔬菜、腌渍蔬菜、醋泡蔬菜及脱水蔬菜（见图6-2）。

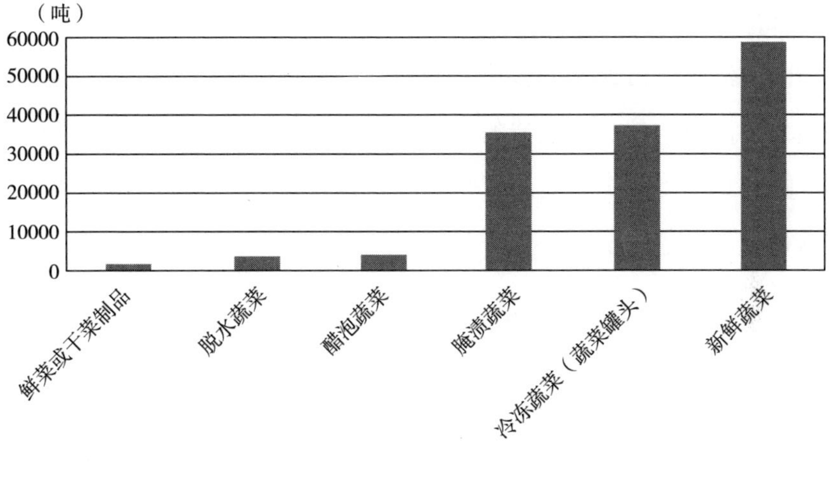

图6-2 2016年中国香港主要进口蔬菜品种情况

资料来源：联合国粮农组织贸易数据库。

总体来看，我国有机蔬菜出口的国际空间依然很大。世界有机农产品市场正在以两位数的速度不断增长，而有机蔬菜市场的增长速度又快于整体有机农产品市场的增长速度。我国蔬菜种植面积已经达到1756万公顷的水平，而有机蔬菜的种植面积仅占0.011%。M县利用适宜发展绿色蔬菜的独特地理区位优势，开拓中亚与西亚市场是农业产业发展优先选择。中亚五国（塔吉克斯坦、乌兹别克斯坦、吉尔吉斯斯坦、哈萨克斯坦、土库曼斯坦）是“一带一路”倡议重点合作国家，建设与中亚五国的贸易伙伴关系，既具有较强的可操作性，又对打通欧洲的市场具有积极的意义。M 县应积极借力“一带一路”倡议，重点对接中亚与西亚市场，努力开拓欧洲市场，积极做好供港蔬菜基地建设，形成多点开花的蔬菜出口局面，拓宽销路，防御市场风险。

通过对主要贸易伙伴蔬菜进口品类的分析可以看到，冷冻蔬菜、腌渍蔬菜、新鲜蔬菜以及脱水蔬菜是主要需求。从出口贸易的易操作性来看，腌渍及醋泡蔬菜、脱水蔬菜在远距离运输的出口贸易中更具有可操作性，而新鲜蔬菜与冷冻蔬菜的出口较为适合近距离的出口贸易，在保鲜等技术要求上更高一些。结合 M 县区位特点来看，对中亚与西亚的蔬菜出口以及供港蔬菜，应主要考虑新鲜蔬菜与冷冻蔬菜，对欧洲的蔬菜出口应主要考虑腌渍蔬菜及醋泡蔬菜等，同时应结合出口地区的饮食习惯确定重要出口品种，例如，中亚及西亚地区主要信奉伊斯兰教，其独特的饮食习惯，使一些特定食品以及彩椒等适合于制作沙拉的蔬菜产品更易受到青睐。因此，应重点考虑彩椒等制作沙拉的蔬菜品种的种植。

6.4.2 小茴香、甘草市场分析

小茴香原产地中海地区，适应性广，耐寒、耐热力均较强，世界各地均有栽培。世界上小茴香主要生产国有印度、土耳其、叙利亚和伊朗等国家，中东和欧洲对小茴香进口需求十分强劲。其中，G 省产量占我国总产量的 50%以上，内蒙古产量占总产量的 30%，山西产量占总产量的 15%～20%。小茴香年消耗量在 2.5 万吨以上，其中出口到韩国、日本、中国香港等国家和地区 5000 吨以上，2000 吨左右用于种子，1.8 万吨左右供食用，主要用于各种肉类食品等方便食品和各种调味品，仅河南驻马店王守义十三香调味品集团年需小茴香就达 1000 吨以上，康师傅、华龙、统一等方便食品厂家的用量也十分可观。M 县是小茴香的传统产区，当地地理环境和自然条件很适合小茴香生长，所产小茴香产量高、品质好（较其他省区的品质和商品性状），久负盛名，种植面积逐年扩大，其中 2

个乡镇的小茴香生产已初具规模，是重要的茴香原料生产供应保障基地，被誉为“茴香之乡”。

甘草为国之药老，我国临床使用的500余种中药材用得最多的就是甘草，素有“十方九草”“百药之王”的美誉，为传统大宗药材，属药食两用品种。进入21世纪后，甘草消费拓宽至食品、饮料、烟草、日用化工、畜牧、建材等领域，甘草的需求量与日俱增，同时国际市场对甘草的需求量也逐年增长，我国甘草出口范围扩大，市场份额增加。国内、国际两个市场对甘草需求量的增长已是不争的事实，为发展甘草生产带来巨大商机。作为甘草主要产区的M县，应该抓住这个“千载难逢”的机遇，挖掘土地资源，因地制宜扩大甘草种植面积，按照有机标准组织生产，建立甘草开发科技支撑长效发展机制，实现集约化的发展和经营模式。

甘草、小茴香中药材产业是能耗低、污染少、带动面广、辐射性强、附加值高、产业链长的朝阳产业，是国家鼓励支持的战略性新兴产业。G省是全国中药材优势主产区之一，是国家重要的中药原料生产供应保障基地。M县野生中药材资源丰富，其广阔的荒漠和绿洲均适宜中药材生长，是全国中药材优势主产区之一，特别是小茴香、甘草久负盛名，是重要的甘草、小茴香原料生产供应保障基地。未来M县应以甘草、小茴香种植为抓手，发展中药材生产，推动绿色中药标志认证，打造有机绿色甘草、小茴香产业。

6.4.3　花卉市场分析

世界花卉贸易主要集中于欧洲，其进口与出口贸易均表现活跃。荷兰花卉出口额占据了世界花卉出口贸易总额的一半以上，呈一家独大的情形；德国、荷兰、英国、法国、意大利、俄罗斯等欧洲地区花卉进口需求强盛，另外，美国、日本、澳大利亚以及中国也是主要的花卉进口国。我国在花卉对外贸易中并无竞争优势，花卉贸易逆差较大，随着花卉进口的不断增长，贸易逆差呈现扩大趋势。因此，对于M县而言，可以在满足国内花卉需求上做“文章”。从联合国统计数据来看，我国进口量较大的是鲜花、花苗、装饰用花（包括鲜花与干花），未来M县可瞄准国内消费，培育相关花卉品种，积极满足国内花卉市场需求。

6.4.4 小麦玉米市场分析

6.4.4.1 小麦市场分析

中国小麦供需格局在总量上由原来的产不足需转变为供大于需的宽松格局。2016/2017年度小麦产量1.29亿吨，消费量1.08亿吨；2017/2018年度小麦产量1.30亿吨，消费量1.04亿吨。小麦消费总量继续呈下降趋势，进口量持续超过出口量，小麦供需在总量上保持宽松格局。

随着劳动力价格、土地租金等生产成本的不断提高，近年来，国内小麦市场价格一直处于上涨趋势。而同期国际小麦市场价格总体呈下滑趋势。若不考虑运费、关税等因素，国内外小麦价差在不断拉大，小麦国际竞争力逐渐减弱。2017年除海上进口外，小麦经陆路口岸进口加速增长。中俄签署了《俄罗斯小麦输华植物检疫要求协议书》，中国每年将进口100万~120万吨俄罗斯小麦，约占中国年小麦进口总量的30%。

短期来看，中国小麦产量将呈微涨态势，需求将出现一定的回暖，小麦供需在总量上将仍然保持宽松格局，但在品种上依然存在结构性矛盾；长期来看，小麦产量整体较为稳定，需求量呈下降趋势，预计2035年小麦产量为1.28亿吨，需求量为1.31亿吨，小麦供需平衡形势较为宽松。

6.4.4.2 玉米市场分析

由于曾经实施国家玉米临时收储政策，自2003年以来，国内玉米产量连续实现“十连增”，国内玉米产量大于消费量，国内玉米供求在总量上处于较为宽松的格局，玉米库存水平达到历史高位。2016年中国开始大力推进农业供给侧结构性改革，调结构、去库存。从供给端来看，玉米种植面积和产量连续两年下降，减少供给增量；国内玉米价格下降，进口玉米及替代品进口随之减少，有利于消化国内玉米库存。从需求端来看，受生猪养殖利润向好拉动，玉米饲用消费持续回暖；玉米深加工行业利润提高，产能扩张，提振玉米工业消费需求。受玉米供给减少、需求增加双重推动，近年来中国玉米年度结余量总体呈逐年减少趋势，市场形势逐渐向均衡水平回归。

未来玉米加工需求增幅较大，玉米加工消费市场潜力较大。目前中国针对玉米深加工行业实施的一系列政策，有利于玉米加工业的发展，未来玉米加工消费量增长将成为玉米消费增长的主力军。

受国内政策、价格、饲用需求和工业需求量持续增加等多重影响，国内玉米市场供不足需，未来玉米进口将常态化，未来中国玉米会长期处于净进口状态。据预测，未来中国玉米消费量还将快速增加，国内玉米将维持产不足需态势，玉米进口将成为补充玉米供给的有效调节手段。长期来看，玉米净进口量呈现波动上涨，预计到 2035 年玉米净进口量约为 1717 万吨。2018～2035 年，随着国内玉米市场逐步进入良性循环，净进口增长率也将趋于平稳，稳定在 1%左右。

6.5 大田作物发展思路

围绕新时代国家、省、市各级战略定位，按照 M 县大力实施生态立县、工业强县、科教兴县战略的总体要求，结合区域禀赋特色、主导产业基础及发展机遇，以水资源合理配置为基础，以保护绿洲生态系统为主导，以农业产业和生态环境建设为主体内容，以项目建设为主线，以光热资源高效利用为关键，以实现农村经济发展和农民增收为目标，充分体现新时代农业绿色发展和高效节水优质农业发展方向，着力打造“特而优”农产品，“专而强”农产品加工业，创新性探索构建乡村振兴的优势农业产业体系，在更高标准、更高层次上推进 M 县农业农村现代化建设。

6.6 大田作物发展重点

6.6.1 建设旱涝保收高标准农田

为改善农业生产条件，增强农业抗御自然灾害能力，重点针对蔬菜、蜜瓜、小茴香、甘草、食用葵花等主要种植作物，建设旱涝保收高标准农田。合理利用农田，保护耕地，加强土壤改良和农田整治，推广节水增效技术，防止土壤退化、肥力下降，促进农业生态环境的良性循环和可持续发展。通过平田整地、沟塘清淤、配套路桥涵闸灌排设施、建设农田林网，改善农村面貌。

6.6.1.1 高标准农田建设综合标准

高标准农田建设应达到“田地平整肥沃、水利设施配套、田间道路畅通、林网建设适宜、科技先进适用、优质高产高效”的总体目标。通过建设，解除制约农业生产的关键障碍因素，抵御自然灾害能力显著增强，农业综合生产能力稳步提高，达到旱涝保收、高产稳产的目标；农田基础设施达到较高水平，田地平整肥沃，水利设施配套、田间道路畅通；因地制宜推行节水灌溉和其他节本增效技术，农田林网适宜，区域农业生态环境改善，可持续发展能力明显增强；推广优良品种和先进适用技术，农业科技贡献率明显提高，主要农产品市场竞争力显著增强；建设区达到优质高产高效的目标，取得较高的经济效益、社会效益和生态效益。同时，坚持节约土地、合理使用的原则开展农田基础设施建设，建成后农田基础设施占地率符合有关规范标准。

6.6.1.2 主要措施标准

（1）灌溉工程。

1）灌溉系统完善，灌溉用水有保证，灌溉水质符合标准，灌溉制度合理，灌水方法先进。

2）湿润半湿润地区灌溉保证率：旱作区不低于75%，水稻区不低于85%；干旱半干旱地区灌溉保证率：旱作区不低于50%，水稻区不低于75%；其他地区一般不低于70%。

3）灌溉水利用系数：大型灌区不应低于0.50；中型灌区不应低于0.60；小型灌区不应低于0.70；井灌区不应低于0.80；喷灌区、微喷灌区不应低于0.85；滴灌区不应低于0.90。

4）新建、除险加固和更新改造的小型水库、塘坝及引水渠道等工程，符合国家和水利行业的技术规范规定的设计标准和技术要求；井灌工程做到地下水资源合理利用、采补平衡；机井和泵站的水工建筑物、机电设备、输变电设施配套齐全，综合装置效率达到有关规范标准。

5）输水、配水渠系（管道），桥、涵、闸等建筑物和田间灌溉设施配套齐全，性能与技术指标达到规范标准。

6）推广各种适用节水和旱作农业技术。有条件的地区应积极采取膜下滴灌、喷灌等先进高效节水技术；灌溉条件较差的旱作农业区，应采取农艺、工程等旱作农业节水措施提高天然降水的利用率。

（2）排水工程。

1）防洪设计标准应符合有关规定。

2）排涝设计标准应符合有关规定，设计暴雨重现期不少于10年。设计暴雨历时和排出时间应达到：旱作区1~3天暴雨1~3天排除；稻作区1~3天暴雨3~5天排至耐淹水深。

3）排水系统健全，排水出路通畅，排水渠系断面及坡度设计合理，桥、涵、闸等建筑物配套，性能与技术指标达到有关规范要求，末级固定排水沟的深度和间距，符合当地机耕作业、农作物对地下水位的要求。

4）有渍害的旱作区在设计暴雨形成的地面明水排除后，应在农作物耐渍时间内将地下水位降到耐渍深度；水稻区在晒田期3天内将地下水位降到耐渍深度。

5）改造盐碱地要建立完善的排灌系统，在返盐（碱）季节前将地下水位降到农作物生长的临界深度以下。

6）灌、排等工程设施使用年限不低于 15 年。田间灌、排工程及附属建筑物配套完好率大于 95%。

（3）农业措施。

1）以有林道路或较大沟渠为基准形成格田，土地平整，集中连片，以适应农业机械化和田间管理要求。

2）土壤耕作层达到 20 厘米以上，土壤耕作层有机质含量提高 0.1 个百分点以上。

3）主要作业环节基本实现机械化。

（4）田间道路建设。

田间道路建设分干道、支路两级，布局合理，顺直通畅。干道要与乡、村公路连接，必要时进行简易硬化，保证晴雨天畅通，东北地区的干道能满足大型农业机械的通行，其他地区能满足中型农业机械的通行；支路应配套桥、涵和农机下田（地）设施，便于农机进出田间作业和农产品运输。田间道路建设突出节约土地的原则，建设标准合理实用。田间道路设施使用年限不少于 15 年，完好率大于 95%。

（5）林业措施。

因地制宜地加强农田防护林网建设，达到当地林业部门规定的标准。主要道路、沟渠、河流两侧，要适时、适地、适树进行植树造林，长度达到适宜植树造林长度的 90%以上。造林时应预留出农机进出田间的作业通道。造林当年成活率达到 95%以上，3 年后保存率要达到 90%以上。平原地区防护林网格面积与格田面积一致，防护林网控制面积占宜建林网农田面积的比例，北方地区达 85%以上，南方地区原则上达 75%以上。

（6）科技措施。

在项目建设期间，推广 2 项以上先进适用技术，重点是良种、良法等先进适用生产技术；加强对项目区受益农户进行先进适用技术培训 2 次以上；适当扶持县乡农技服务体系，重点支持具有技术推广服务功能的农民专业合作经济组织。

6.6.2　开展大田水肥一体化智能喷灌技术集成与应用示范

重点针对蔬菜、蜜瓜、小茴香、甘草、食用葵花等主要种植作物，建设大田高效节水设施。开展工况监控技术、区域气象墒情监测技术、作物长势信息监测技术、喷灌智能决策与远程控制及水肥一体化智能决策调控等技术的集成应用和示范。从“信息感知—采集传输—智能决策—平台建设—应用服务”等关键环节入手，从农业环境信息感知、信息采集传输、智能决策、农业物联网服务平台建设及技术推广服务五方面系统开展工作，通过农艺技术、信息技术、自动化技术的有机结合与集成应用，及时掌控田间气象墒情信息和苗情长势信息，根据作物不同生育期对生长要求的不同需求，通过水肥一体化智能喷灌系统及时快速、便捷地自动补水、补肥，为作物提供优良的水肥环境，实现大田作物灌溉水资源高效利用和科学合理施肥。实现节水50%以上，节肥30%，作物增产20%，节本增收600元以上。

大田水肥一体化智能喷灌系统采用分层分布式结构，主要由田间基础喷灌工程、农情动态监测系统、水肥一体自动灌溉控制系统以及灌溉智能决策服务平台组成。系统的整体工作流程如下：由农情动态监测系统监测空气环境信息、土壤环境信息，同时采集视频信息作为传感器数据的有效补充，通过局域网将上述数据上传到灌溉智能决策服务平台；灌溉智能决策服务平台接收到数据后，对数据进行处理分析，通过内置的模型，估算参考ET0，同时联合有效降雨数据形成灌溉决策指令，并将指令发送到水肥一体自动灌溉控制系统或通过声光报警、短线提醒等方式发送至生产管理人员；水肥一体自动灌溉控制系统接收到决策指令后即可打开电磁阀，通过田间基础喷灌工程为作物生长提供的水肥环境，亦可由生产管理人员人为干预，对肥药进行调整，促进作物生长，抑制病虫害发生。图6-3为水肥一体化智能喷灌系统整体结构框示意图。

田间农情动态监测系统可实现田间气象环境、土壤环境信息以及作物长势信息的实时采集和上报，是整个系统的感知终端。田间气象及土壤墒情监测系统由监测主机、气象信息监测传感器、土壤信息监测传感器、供电设备以及安装附件组成，能够自动监测空气温湿度、风速风向、降雨量、太阳辐射等气象信息，同一土壤剖面4个深度（表土层、心土层、底土层和潜育层）的温度和容积含水量等墒情信息。通信链路可采用GPRS远程无线接入或有线方式经局域网接入整个系统。野外环境采集中因通常不具备供电条件，通常会配套太阳能充放电控制设备作为系统电源。图6-4为田间气象及土壤墒情监测系统现场安装效果图。

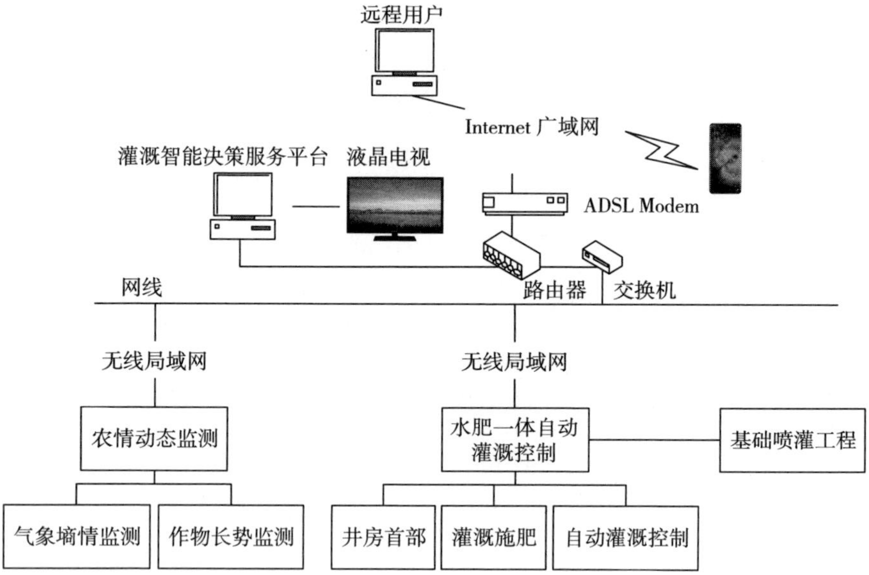

图6-3 大田水肥一体化智能喷灌系统整体结构框

图6-4 田间气象及土壤墒情监测系统

田间作物长势信息监测系统由图像采集摄像机、网络视频服务器、无线网桥、配电控制柜及安装附件组成，图像经由局域网上传至监控中心主机。系统的应用有助于园区管理人员及时了解作物生长情况，对作物生长的关键环节进行追踪，并及时发现作物的不良反应，在灌溉期亦可用于查看灌溉进程。图 6-5 为田间作物长势信息监测系统效果图。

图 6-5　田间作物长势信息监测系统

在水源为地下水、水质符合农田灌溉标准的情况下，基础喷灌工程建设内容包括地下管道和地上喷头两部分内容。喷枪采用水力涡轮涡杆驱动方式，转动均匀，运转平稳可靠，喷洒扇形角度可调，旋转速度均匀一致，高效喷洒。图 6-6 为喷枪喷洒效果图。

图 6-6　喷枪喷洒

井房首部系统由变频器、过滤器、潜水泵以及管道附件等组成。若采用地下水为水源，且拟采用喷灌设备，必须安装过滤设备，可采用砂石过滤器和碟片组合过滤器，砂石过滤器去除水中的沙砾，碟片组合过滤器去除水中的其他杂质。图 6-7 为井房首部系统安装效果图。

图 6-7　井房首部系统

灌溉施肥系统由施肥罐、搅拌泵、注肥泵以及管道附件组成。选用防腐蚀计量泵按比例或浓度将肥料溶液注入灌溉系统的主管道中，达到精确、及时、均匀施肥的目的。灌溉施肥系统的使用既简化了灌溉和施肥过程的操作，提高了劳动效率，又可以实现水肥耦合，促进肥料利用效率的提高，而且能够提高作物产量和品质。图 6-8 为灌溉施肥系统安装效果图。

图 6-8　灌溉施肥系统

自动灌溉控制系统主要由 ASE 主控制器、田间分控制器、电磁阀、铠装线缆及配套控制箱组成，向上经交换机接入局域网与综合控制中心连接，向下通过土壤水分传感器采集实时土壤墒情数据，通过电磁阀控制水分供给。系统的应用既可防止“供水不足”，又可避免“过度灌溉”，极大地提高了水资源的利用效率。图 6-9 为自动灌溉控制系统安装效果图。

图 6-9　自动灌溉控制系统

灌溉智能决策服务平台通常由硬件基础和服务软件构成。其中硬件基础通常由工控机、UPS 电源、大屏幕液晶显示器、无线网桥、交换机等网络设备及其他安装附件组成。灌溉智能决策服务平台软件可采用 NET 开发，人机界面友好，操作简单，可远程对现场设备进行系统配置、功能配置。图 6-10 为灌溉智能决策服务平台硬件基础安装效果图。

除了可实现传统的现场数据查看和中控室数据查看、操作功能，还可通过移动终端获取田间实时环境，并可通过手机远程操作所有电磁阀打开、关闭。图 6-11 为某手机访问的环境数据及控制电磁阀的页面。

图 6-10　灌溉智能决策服务平台硬件基础

图 6-11　移动终端智能控制页面

6.6.3　大力发展绿色瓜菜产业

6.6.3.1　绿色瓜菜发展思路

依托出口农产品标准化示范基地，按照“当年绿色、两年有机”的发展要求，“公司带动、连片开发、分步实施、整体推动”的总体思路，以“联村联户”为切入点，以企业为主体，全面推行有机农产品标准化生产技术。通过出口农产品和有机农产品生产认证，辐射带动全县农业向绿色有机方向发展。引导和支持优势区域建设有机绿色瓜菜基地，推行瓜菜标准化生产，加速瓜菜产业化经营，提升技术水平，实施优质品牌战略，着力打造全国出口农产品基地。以 M 县现代农业产业园、现代农业示范园以及相关专业村庄为重点，分别打造叶菜、芦笋、沙葱、蜜瓜等有机农产品生产示范基地。

6.6.3.2 绿色瓜菜发展方向

围绕“绿色优质、集约智能、品牌高效”，重点打造标准化、优质化、品牌化的西部高原绿色蔬菜生产基地，坚持扩大规模与提质增效并重，优化结构布局，严格技术规范，完善配套设施，培育主导品种，推行集约化育苗、标准化生产，推动露地蔬菜产业集聚发展，打造有机绿色瓜菜生产基地。集中力量引进现代化栽培技术与优质新品种，注重名、特、优、新蔬菜种植，发展精品，提高蔬菜产品的产量、质量；引进节水灌溉技术，采用滴管、喷灌等节水设备，大面积推广节水模式；积极培育大型蔬菜龙头企业，加强农业生产标准化和农产品的认证、品牌注册，产业化、品牌化经营；对农户定时定期进行技术培训，鼓励绿色有机生产，加强农产品安全技术培训；注重产业功能的拓展，依托蔬菜种植开展观光采摘、市民体验、栽培技术展示等，拓展市民蔬菜园、奇特品种展示等辅助功能。

6.6.3.3 基础设施建设

土地改良：施足有机底肥，每亩施入腐熟圈肥500千克，将土壤深翻25~30厘米，耙平整细，挖定植沟，按确定好的株行距起15~20厘米的垄（见图6-12）。

图6-12 土地改良

防虫网：在育秧区建设占地10000平方米的塑料大棚，棚高2~2.5米，内设防虫网。

机井及配套喷灌/滴灌设施：按每百亩建机井和 5 米×8 米×3 米规格的储水池，安装 PVC 管材及喷头，并配备全自动反冲洗过滤器、精准施肥机、智能控制器等相应的管道。

育种用具：塑料大棚、小拱棚、塑料地膜（见图 6-13）、育苗盘、洒水桶、喷雾器等。

图 6-13　地膜覆盖

耕作农具：旋耕机、拖拉机、平板车、打孔器、抽水泵、塑料地膜、竹子、锄头、水桶、铁锹等。

6.6.3.4　露地蔬菜新品种试种

根据 M 县的气候条件和自然环境，可栽培的蔬菜品种有很多，重点选择品种新、产量高、效益好的蔬菜品种进行绿色有机栽培。以紫甘蓝、菜心、芥蓝、芦笋、水果胡萝卜、紫色胡萝卜、青萝卜、彩色辣椒和茄子等适合规模化、机械化种植的蔬菜为主。

露地蔬菜一茬（按 4 个月计算），因品种而异，大约亩平均需水量 300~500 立方米，亩产量约 1500~4000 千克，目前多采用水肥一体化、滴灌技术，每亩主管道投入 500~1000 元，通常可用 3 年，每亩毛细管投入 100~200 元，通常一次性，较传统可节水 40%~60%。主要采用高平畦覆膜（或无纺布），双行或多行种植方式。

紫甘蓝：播种期是3月下旬到4月上旬，5月中旬之前定植，苗龄28~30天，采取不同管理措施，8~11月均可采收上市。从定植到商品成熟约50天，单球重0.8~1千克，亩产量可达3500千克左右。

中熟芥蓝：品种包括登峰芥蓝、佛山中迟芥蓝、台湾中花芥蓝、红脚芥蓝。春夏均可播种，由播种至初收65~70天，延续收获达50~70天，适应性强，耐热，产量较高。

水果胡萝卜、紫色胡萝卜：一般在6月15~20日进行播种，10月上旬进行采收。亩产量2000千克。

青萝卜：一般在8月播种，11~12月上市，生长期60~120天，亩产量4000千克。

彩色辣椒：主要优良品种有桔西亚、黄欧宝、麦考比、白公主、紫贵人等。一般在7月1~10日播种育苗，8月中下旬移栽，春节前可上市。亩产量8000千克。

茄子：3月下旬播种，播种后55~60天达到四叶一心至五叶一心时，可以定植，8月份上市。亩产量5000千克。

6.6.3.5 露地蜜瓜新品种试种

露地蜜瓜新品种主要包括IVF117、帅果3号、帅果5号、帅果25号、帅果26号、帅果27号。

IVF117：厚皮甜瓜，黄皮偶有稀纹，橘红肉，果实高圆型，中心糖17%左右，边糖12%左右，肉质细腻，味纯香。春季设施栽培，苗龄35天，四叶一心期定植，定植后60~70天成熟上市，单果重1.5~2.0千克，亩产量2000~3000千克，亩均大水漫灌用水量达300立方米/亩。

适宜的节水设备：滴灌，亩均投入：1500元/亩，使用年限：4~5年，节水效果：较大水漫灌节水30%左右。

春季可播种，具体时间要根据当地气候情况和设施类型确定。

6.6.3.6 绿色有机瓜菜生产工艺流程

绿色有机瓜菜生产工艺流程如图6-14所示。

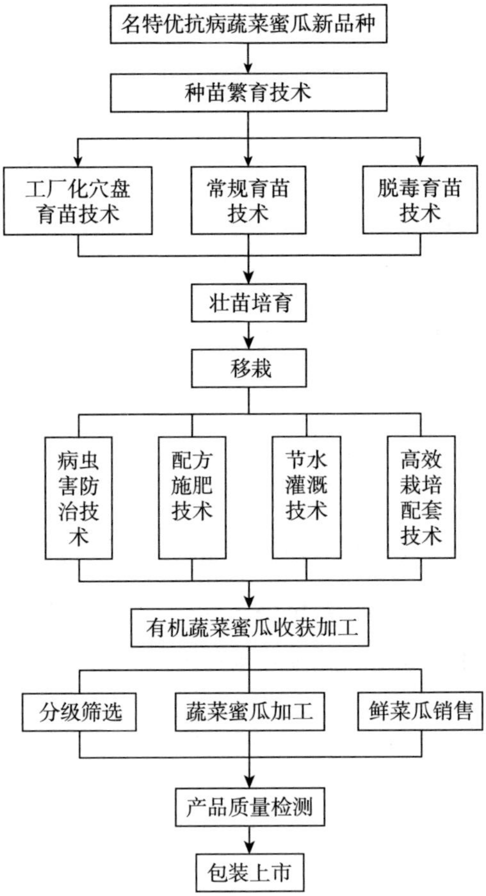

图 6-14　绿色有机瓜菜生产工艺流程

6.6.3.7　全面执行农业生产标准体系

贯彻实施国家《农产品质量安全法》，根据国家、省级、市级、县级和行业现有农业生产标准体系，结合本地特点，突出重点内容、主导产品和地方特色，按照产前、产中、产后标准相配套的原则，建立健全并全面执行农产品品种、质量安全、生产技术规程、产地环境、检测方法等农业生产标准，全面提升农产品质量安全水平。

6.6.3.8　完善农产品质量安全检测体系

按照全县农产品质量安全建设的总体要求，明确和规定镇级农产品质量检测机构的检测标准、规模、人员设置等，配备必要的检验检测设备，完善检验检测手段，提高检验检测能力。加强农产品生产基地、加工基地、交易市场的产品质量安全监管，配备快速检验检测仪器设备，定期或不定期开展农产品产地环境、农业投入品和产品质量安全状况的监测，并建立信息发布制度和产品质量安全追溯制度，实现对农产品产前、产中、产后实施全程监控，确保农产品质量安全。

6.6.3.9　绿色农产品产地建设

以无公害农产品产地认定、产品认证为基础，以绿色食品、有机食品、地理标志农产品产地认定和产品认证为重点，加强绿色农产品生产基地建设，全面推进良好操作规范（GAP），大力培育具有市场前景的名牌农产品，实施品牌发展战略，全面提升农产品国际国内市场竞争能力。

6.6.3.10　特色产品小产地认证

当务之急积极申请完成“M 县蜜瓜”地理标志证明商标的注册，完成“S 镇蜜瓜”小产地认证工作，大幅度提升 S 镇蜜瓜的档次和准入资格，实现 S 镇甜瓜既能进得了全国大中型商贸市场，又能进得了大型连锁超市，还能走出国门，实现真正意义上的出口。充分依托“S 镇蜜瓜”出口生产基地，引进外商，积极与各大公司、超市进行衔接，积极探索销售企业预定品种、规格，农户按需求生产供货，按商定入股比例分红的“订单农业”。同时利用电商平台，加大网络销售力度，促进甜瓜多渠道、多模式销售。

进一步加大蜜瓜产地和产品认证力度，着力培育绿色有机高端 S 镇蜜瓜，力争建成全县有机农业精品示范点。同时遵照先易后难、先试点后推广、循序渐进的原则，优先在农业龙头企业、农民专业合作社和已经取得“三品一标”的品种中推行追溯管理，以信息化为手段，实现生产环节的追溯信息向下游环节传递，向上游市场消费环节传递，并能够信息共享，确保 S 镇甜瓜的公信度和核心竞争力。

6.6.4　推行耕地休耕试点

M 县作为西北生态严重退化地区的典型区域之一，为大力发展有机绿色农业，推动农业可持续发展，亟须制定并实行耕地休耕制度。

6.6.4.1　主要做法

（1）加强组织领导

为了加强耕地休耕试点组织工作，县人民政府须成立以县长任组长，分管农业的领导为副组长，农业、财政、国土、粮食、林业、环保、水务、市场监督管理等部门领导、各乡（镇）长为成员的领导小组，办公室设在农业农村部门，局长任办公室主任负责日常工作；县、乡、村、组、农户逐级签订责任书，村民委员会、村民小组与农户签订休耕合同书，层层落实，环环相扣；做到各级部门分工明确，加强部门协作，强化责任落实。国土、林业之间协调配合，确保休耕地按要求落实到土地利用现状图上，不得与退耕还林还草地块重合，保障试点工作依法、有序展开。同时，成立由高校、科研院所、农技推广、土壤肥料及相关部门专家共同组成的休耕试点省级专家技术指导组，加强对试点工作的领导和指导。

（2）明确试点目标。

项目开展后，试点区域在土壤的肥力恢复指标、休耕管理制度和后续可持续发展三个方面均设立明确的目标。一是对休耕地进行土壤培肥。确立培肥目标，确定土壤各项有机质恢复标准。二是建立完善的休耕管理制度。通过探索耕地的休耕制度试点，完成县域《耕地休耕监督管理制度》《耕地休耕面积确认制度》《耕地休耕培肥制度》《耕地休耕补贴兑现制度》。三是集成沙漠化地区耕地休耕及复耕后种地与养地生产技术模式，形成县域《耕地休耕与后续质量保护技术方案》。

（3）做好群众动员。

试点区域通过对各乡镇、村级干部、科技人员和农民的全面动员，促使休耕的各项工作有序进行。一是发动乡镇、村级干部认真开展宣传动员、测量土地、标注农民耕地界限信息、签订合同等工作，实施项目的村每村进行不低于三次的工作研究，县、乡、村三级召开群众大会，把休耕政策宣传到户，做到家喻户晓，推动休耕工作的全面展开。二是发动科技人员积极参与休耕服务工作，并对项目进行认真规划，提出实施技术方案，核实休耕耕地面积，制作休耕土地到户图斑，指导农民按技术要求休耕培肥。为确保面积落实的真实可靠，试点县建立县统筹、乡监管、村落实的休耕面积落实机制，做到丈量面积与影像图计算的面积一一对应，面积核定后及时张榜公示，接受社会监督。并对休耕面积进行数据库建设，随着休耕项目的进一步实施，试点县的耕地面积将逐步通过数据库建设做到精准定位。三是发动农民认真搞好休耕区域地力培肥。试点县采取三项措施对耕地进行培肥。第一，通过种植绿肥、秸秆还田培肥；第二，投入腐熟剂促进土壤有机质和氮、磷、钾分解，抑制病菌生长，把虫害控制在有效程度；第三，针对土壤检测情况补充中微量元素。为此，试点县应加强对农民的培训力度，通过培训使农民充分认识实行耕地休耕制度是培肥地力、藏粮于地、改善生态、实现农业可持续发展的重大举措，提高群众参与休耕的积极性。

（4）坚持“四项原则”。

试点区域在选择休耕耕地的时候，规定必须遵守的“四项原则”：一是瘠薄瘦地休耕原则。探索实行耕地休耕试点，原则上在沙漠化地区选择瘠薄瘦地实施休耕培肥，通过项目实施推进后，再逐步由瘠薄瘦地向土壤趋于退化、趋于板结地块拓展。二是承包耕地休耕原则。落实休耕地块，必须选择农民二轮承包耕地，退耕还林地、开荒地不作为休耕土地，各村选择的休耕地块，均需村委会出具街道办、乡镇签字同意的证明材料，方可正式纳入休耕计划组织实施。三是土壤深松培肥原则。以坚守耕地保护红线、提升耕地质量为目的，对休耕地采取培肥地力和保护性措施，禁止弃耕、严禁废耕，不减少或破坏耕地、不改变耕地性质、不削弱农业综合生产能力，确保急用之时能够复耕，粮食既能产得出、供得上，又能争取高产。项目启动实施后，县土壤肥料工作站与乡镇（街道办）农业技术推广站立即启动土壤肥力监测工作，对休耕前后的不同时期的土壤进行取样，并做测产对比分析，撰写相关总结报告。四是农民自愿休耕原则。深入宣传耕地休耕制度是党中央、国务院关爱“三农”的重大举措，要确保粮食战略安全，使农民从内心深处支持休耕制度建设，踊跃报名参与休耕，在此基础上实现连续三年对集中成片休耕耕地进行培肥。

（5）确保补助到位。

为使补助按1000元/亩（小春、大春各500元）全部兑付给农民，使农民满意，试点区域应在核实面积的基础上，与农户逐级签订耕地休耕合同书，并制定资金兑现花名册，通过张榜公示无异议后经农民签字生效，补贴兑现统一通过农村信用联社转入农民“一卡通”。

为此，试点区域应联合当地相关部门明确经费兑现的相关责任，同时明确补助原则，补助标准和补助程序。农户存折信息（包含姓名、身份证及“一卡通”信息）首先由村组、乡农科站进行核实，做到兑现资金与休耕面积相一致。其次由信用联社进行发放前再核对，发现问题及时与县农技推广总站对接处理。最后由农技推广总站再次与相关乡镇对个别存在问题的账户进行重新核对，直到资金能准确兑现到农户手中。

6.6.4.2　可能存在的问题

（1）政策执行工作量大，缺乏配套经费。

轮作休耕试点的开展涉及大量的政府基层工作，包括耕地面积核对、耕地地块上图、地力培肥、层层签订协议、从上到下宣传、监管监督检查、土壤化验分析、耕地质量检测等，工作量非常大。而休耕补偿资金全部直接发放给农户，没有安排相关的管理和辅助工作的专项经费，这使得政策执行难度很大，还会影响镇、村干部的工作积极性，配套经费不足同样制约后续管理工作的开展。

（2）农户参与休耕积极性问题。

农户参与休耕的积极性与休耕补偿标准有直接的关系。补偿标准显著超过目前农户的种植收益，农户参与休耕的积极性才会提高，休耕工作才能保证顺利进行。

（3）监督手段和机制问题。

试点区域的地块分散，监督检查难度大。目前，绝大多数省份尚未建立起有效的遥感技术手段进行监控，同时，由于工作经费的缺乏，对实施情况的监督存在较大难度。

6.6.4.3　工作建议

为完善耕地轮作休耕政策，促进农业绿色发展，在此提出以下建议。

（1）加快推进土地确权工作。

加快推进农村土地确权登记发证工作，查清农村每一宗土地的权属、界址、面积和用途（地类）等，按照统一的宗地编码模式，形成完善的地籍调查成果，在此基础上，办理土地权属的登记造册、核发证书，减少休耕工作土地丈量的工作量。

（2）保持政策连续性和稳定性。

建议在第一年实施1万亩休耕面积，保持三年每亩补助农民1000元不变，第二年以后新增的休耕面积按照当地的实际情况和财政承担能力再进行调整，保证农民休耕以后收入不减少。

（3）增加配套工作经费。

建议在对农户进行休耕补偿的同时，每亩给予一定金额的配套经费支持。主要用于技术培训、监测点取样化验及田间测产、信息数据服务费，土壤培肥农机作业费，土壤微生物、中微量元素测量成本。

（4）巩固已有工作成效。

一是要进一步做好政策宣传和技术培训，让休耕制度更加深入人心。二是要落实耕地检测工作，每年定时采集土壤进行全测验化验，做好相关记录存档，以后一年进行一次土样化验对比。根据化验结果调整土壤微量元素，就土壤数据的前后变化状况做对比分析，并撰写总结报告。三是要加强绿肥的生长管理，确保所有的规划土地都种植绿肥并且所要求的绿肥都用于土壤改善。

（5）完成后续用地规划。

休耕试点后的土地利用问题要结合当地实际情况，引导农户种地养地的同时，进行提前规划，调整种植习惯，改进用地方式，从而巩固休耕成果，形成可持续的种植方式。

6.6.5 加大绿色种植人员培训力度

有机蔬菜生产是种技术含量高、操作规程要求严格的新型生产方式。在生产管理方面，要强化生产基地建设、净化产地环境、严格投入品管理、推行标准化生产和提高生产经营组织化程度。因此，要求有高素质的管理人才、技术人才，而且也需要各种熟练的、懂技术的田间劳动工人。

按照生产技术的要求，采用理论与实践相结合的培训方式，对管理人员、技术人员和劳动工人根据不同的对象，采用不同的方式分别进行岗前培训、常规培训和定期培训。

培训内容按照生产技术的要求，培训有机蔬菜生产技术规程及各种蔬菜栽培、加工技术要领等。

第 7 章　畜牧：现代草牧业全产业链发展

7.1　草牧业发展现状

7.1.1　畜牧业发展现状

7.1.1.1　畜牧业生产保持增长态势

M 县地处 G 省河西走廊东北部，S 河流域下游，东西北三面被巴丹吉林和腾格里两大沙漠包围。沙漠及荒漠化面积占全县土地总面积的 89.8%，生态环境极度脆弱。近年来，为有效缓解人口与环境之间的矛盾，减轻水资源和生态承载压力，M 县坚持落实退耕还林还草政策，实施禁牧休牧，积极调整产业结构，大力发展草食畜牧业，使全县畜牧业生产能力得到持续提升。截至 2017 年底，全县畜禽饲养量达 554.3 万头（只），比 2015 年增加了 7.2%；其中牛、羊存栏量分别达 3.2 万头、104.95 万只，出栏量分别达 1.95 万头、89.9 万只。

7.1.1.2　畜牧业标准化水平有所提升

M 县连续多年出台草畜产业扶持政策，支持农村集体经济组织、养殖专业合作社和农民建设养殖场（小区）。截至 2017 年底，全县累计建成养殖暖棚面积 8.96 万亩，其中养殖小区 839 个、面积 3.64 万亩，分散养殖暖棚面积 5.32 万亩。同时，根据畜禽良种化、养殖设施化、生产规范化、防疫制度化、粪污无害化的“五化”标准，全县共建成省（部）级肉羊标准化示范场 12 个，县级设施畜牧业标准化示范点 50 个。总体来看，M 县着力推进畜牧业发展方式转变，畜牧业标准化水平得到提升。

7.1.1.3　畜产品品牌建设成效显著

M 县大陆性沙漠气候特征十分明显，冬冷夏热、降水稀少、光照充足、昼夜温差大。县域内工矿企业少，大气、水质、土壤无污染，是生产无公害、绿色产品的优势地区。羊肉等畜产品特色优势鲜明，因其特殊的地理位置和自然环境，所产羊肉膻味轻、蛋白质含量高、肉质鲜嫩，素有“中国羊肉之乡”的美誉。目前，全县完成肉羊商标注册 3 个，通过“三品一标”4 个，当地羊肉为国家地理标志产品，销售区域辐射全国主要大中型城市。同时，政府鼓励引导龙头企业、合作社等经营主体开展商标注册和品牌创建，切实提高产品知名度、扩大市场占有率。

7.1.2　牧草产业发展现状

M 县拥有天然草原面积 1547.48 万亩，其中可利用面积 1274.76 万亩，天然牧草储量 6.56 万吨。近年来，M 县积极发展人工种草，牧草产业发展取得初步成效，优质饲草种植面积不断扩大，产量逐步提升。依托牧草良种补贴、退牧还草等工程项目，M 县引导生产经营主体调整种植结构，推广种植紫花苜蓿、甜高粱等优质饲草，实施种养结合、草畜平衡发展模式。同时，完善牧草生产指导和服务工作，提供草种供应、牧草种植、草产品加工等服务，因地制宜制定符合县域发展的紫花苜蓿栽培、加工及贮运技术标准和规程；加大对技术人员、企业和种养户的培训力度，确保饲草规范种植、加工与利用。截至 2018 年上半年，全县牧草种植面积达 3.84 万亩，其中紫花苜蓿 2.96 万亩，甜高粱 0.88 万亩。总体来看，M 县牧草产业发展势头良好。

7.2　草牧业发展短板

7.2.1　畜牧业发展短板

7.2.1.1　肉牛肉羊养殖现代化程度不高

M 县肉牛肉羊养殖以千家万户散养为主，肉牛肉羊产业规模化、标准化及现代化程度有待加强，规模养殖场、养殖小区、养殖大户相对较少，大型龙头企业和养殖专业合作社亟须建设。此外，农牧户畜禽混养现象普遍，品种杂乱，专业化、标准化跟不上现代化发展需要，肉牛肉羊良种化养殖、机械化作业、现代化技术和管理等的推广和利用不到位，社会化服务体系不健全。

7.2.1.2　肉牛肉羊养殖良种化程度较低

由于 M 县肉牛肉羊养殖以农牧户小规模为主，养殖方式分散粗放，肉牛肉羊良种化程度低，本地当家优良品种较少。养殖户仅仅以简单养殖销售为主，并不注重牲畜优良品种培育。有时甚至适龄母畜大量出售、屠宰上市，致使全县适龄母畜存栏比例、母畜繁殖成活率均比较低。此外，当地肉牛肉羊养殖主体优质畜种的培育力度相对不足，难以为肉牛肉羊产业的现代化进程提供重要推力。

7.2.1.3　肉牛肉羊生产水平总体不高

M 县肉牛肉羊生产方式粗放落后，生产水平总体不高。一是 M 县肉牛肉羊养殖基础设施条件差，养殖圈舍等设施简陋，配套设施明显短缺。二是农牧户养殖方式粗放，不注重肉牛肉羊养殖饲料配方，没有科学的饲料配比，主要饲喂自家耕地种植的玉米、甜高粱，亟待稳步推进及大力支持现代饲草产业的建立和发展。三是 M 县肉牛肉羊生产性能低下，如母牛繁育基本是“两年一胎”的水平，而全国平均为“三年两胎”，生产性能亟待提升。

7.2.1.4　肉牛肉羊产业链不完整

M县肉牛肉羊产业发展主要集中于养殖环节，育种、加工等环节薄弱。肉牛肉羊生产各环节先进技术、先进理念和管理方式的引进、消化和推广力度不足。大型龙头企业相对缺乏，专业合作社、家庭农牧场等新型经营主体培育力度有待进一步加强。肉牛肉羊及其副产品的精、深加工能力不强，加工产品的花色品种不多，质量档次较低，品牌建设意识淡薄，市场竞争力弱，致使整个产业的附加值低，严重影响肉牛肉羊产业现代化发展及农牧民收入水平提升。

7.2.2　牧草产业发展短板

7.2.2.1　牧草产业发展基础薄弱

虽然M县牧草产业发展取得初步成效，但长期以来，全县天然草场保护、建设和开发利用不合理，投入力度不足，加之气候条件恶劣，致使草原沙化退化严重。近年来，全县大力推进退牧还草等工程项目，着力改善天然草原生态环境，但天然草原局部改善、总体退化的趋势未得到根本扭转。M县在着力改善天然草原、保护草原生态环境的同时，大力推动人工种草，积极发展牧草产业，但优质牧草总量少、优质饲草产量低、植被盖度不高、牧草种类较少等问题明显，牧草产业发展基础依旧薄弱。此外，由于区域辽阔、地形复杂，草原建设及人工种草存在难度大、管理成本高等约束，天然草原及人工种草基础还有待进一步强化。

7.2.2.2　牧草产业组织化程度较低

当前，M县牧草产业发展仍以传统家庭分散经营为主，经营规模小、管理松散、新技术推广难度大、专业化程度低等问题较为突出，致使牧草生产成本较高、经济效益较低。同时，专门从事草产品生产的专业合作组织、大型龙头企业少，传统牧草生产经营者自我服务能力弱，牧草产业发展组织化程度低，市场反应滞后，产销对接困难，难以为牧草产业及草食畜牧业的现代化发展提供坚实基础。此外，M县草产品加工能力弱，缺乏能够带动农牧民连片开发、开拓市场的规模化经营和专业化生产的龙头企业，迫切需要培育和引进先进牧草生产加工企业推动县域牧草全产业链发展。

7.2.2.3　牧草生产机械化水平有待提升

牧草生产时效性强，对机械化水平要求高；缺乏配套机械设备，将导致牧草收割不及时，发生发黄、霉变等现象，影响牧草生产效率及产品品质，难以实现牧草生产经济效益提升，也无法为草食畜牧业健康发展提供优质饲草基础。当前，M 县牧草产业发展具备一定机械化基础，但与牧草产业发展较快地区相比，还存在一定差距。由于牧草生产机械购置成本高，农牧户等传统经营主体购置积极性不强，而大型牧草生产、加工经营主体相对缺乏，再加上当前相关农机补贴政策对牧草产业机械化的推进支持力度不够，这些因素共同制约 M 县牧草产业发展的机械化进程。

7.3　草牧业市场分析

7.3.1　畜牧业市场分析

7.3.1.1　畜牧业国际市场分析

（1）肉牛肉羊生产规模及效率不断提高。

世界肉牛肉羊生产规模呈现不断增长的态势，生产效率不断提升（见表 7-1）。2016 年世界肉牛存栏量 14.75 亿头，比 2000 年增长了 12.3%；肉牛出栏 3.02 亿头，比 2000 年增长了 11.0%；牛肉产量 6597.38 万吨，比 2000 年增长了 18.2%。2016 年，世界肉羊存栏 21.76 亿只，比 2000 年增长了 20.4%；肉羊出栏量 10.11 亿只，比 2000 年增长了 24.4%；羊肉产量 1493.19 万吨，比 2000 年增长了 28.9%。就生产效率来看，肉牛、肉羊出栏胴体重由 205.20 千克/头和 14.27 千克/只分别增至 218.46 千克/头和 14.77 千克/只。

表 7-1　世界肉牛肉羊生产情况

单位：亿头，亿只，万吨

年份	肉牛			肉羊		
	存栏量	出栏量	产肉量	存栏量	出栏量	产肉量
2000	13.14	2.72	5581.32	18.12	8.13	1159.93
2005	13.67	2.83	5929.65	19.34	8.96	1274.60
2010	14.16	2.96	6312.97	19.86	9.48	1352.62
2015	14.52	2.99	6495.81	21.40	9.97	1478.78
2016	14.75	3.02	6597.38	21.76	10.11	1493.19

资料来源：FAO 数据库。

（2）世界牛羊肉贸易总量稳步增长。

2000 年世界牛肉贸易总量为 588.86 万吨，羊肉贸易总量为 98.45 万吨，到 2016 年增加到 918.51 万吨和 115.21 万吨，分别增长了 55.98%和 17.03%。印度、巴西和澳大利亚为世界主要牛肉出口国，澳大利亚、新西兰为世界主要羊肉出口国；中国、美国等为牛羊肉主要进口国。2016 年，中国、美国牛肉进口量分别为 57.3 万吨和 89.0 万吨，羊肉进口量分别为 22.0 万吨和 11.6 万吨（见表 7-2）。中国牛羊肉主要进口来源国为澳大利亚和新西兰。

表 7-2　2016 年世界主要牛羊肉进出口贸易国情况

单位：万吨

序号	牛肉				羊肉			
	国家/地区	进口量	国家	出口量	国家	进口量	国家	出口量
1	美国	89.0	印度	126.0	中国	22.0	澳大利亚	44.2
2	中国	57.3	巴西	107.6	美国	11.6	新西兰	38.7
3	日本	50.3	澳大利亚	108.1	英国	9.0	英国	7.8
4	荷兰	39.6	美国	104.2	法国	8.9	爱尔兰	4.8
5	意大利	38.5	荷兰	44.0	阿联酋	5.9	西班牙	3.4
6	韩国	36.6	新西兰	41.9	沙特阿拉伯	4.6	荷兰	2.4
7	俄罗斯	36.4	爱尔兰	36.5	德国	3.9	印度	2.1
8	中国香港	35.9	波兰	34.8	马来西亚	3.3	埃塞俄比亚	1.6

续表

序号	牛肉				羊肉			
	国家/地区	进口量	国家	出口量	国家	进口量	国家	出口量
9	德国	32.9	加拿大	30.9	意大利	2.9	比利时	1.3
10	埃及	22.2	德国	29.6	荷兰	2.9	法国	1.0

资料来源：UN Comtrade 数据库。

（3）世界牛羊肉价格持续上涨。

近年来，全球牛羊肉消费需求稳定，价格总体保持高位。随着世界人口持续增长、居民收入不断提升及消费结构逐步改善，世界牛羊肉消费需求稳步增加，导致牛羊肉价格上涨。澳大利亚活牛价格由2000年的840.60美元/吨上涨到2016年的2770.75美元/吨，增长了229.62%；活羊价格由417.11美元/吨上涨到1801.16美元/吨，上涨了331.82%。中国活牛价格由2000年的1396.67美元/吨上涨到2016年的5162.21美元/吨，增长了269.60%；活羊价格由1333.39美元/吨上涨为8273.35美元/吨，上涨了520.47%。结合世界牛羊肉生产大国产量增幅减缓及新兴消费主体消费量的增加，可以预期全球牛肉和羊肉市场供求将保持趋紧格局，未来世界牛肉和羊肉市场价格仍居于高位。

7.3.1.2　畜牧业国内市场分析

（1）牛羊肉产量及生产效率显著提升。

我国牛羊肉生产及效率总体呈现出增长的态势（见表7-3）。2016年，我国肉羊存栏30112万只，比2000年增长了7.7%。同期，肉羊出栏量为30694.6万只，比2000年增长了56.2%；羊肉产量为459.4万吨，比2000年增长了73.9%。受诸多因素影响，我国牛存栏量总体呈现出下滑态势，但牛出栏量及牛肉产量呈现出增长态势。牛出栏量由2000年的3806.9万头增加到2016年的5110.0万头，增长了34.2%；牛肉产量则由2000年的513.1万吨增加到2016年的716.8万吨，增长了39.7%。就生产效率而言，肉牛肉羊出栏率分别从2000年的30.82%和70.32%增至2016年的47.90%和101.93%，出栏胴体重则由134.78千克/头和13.44千克/只增至140.27千克/头和14.97千克/只，均呈现出增长态势。

表 7-3　我国肉羊肉牛生产情况

单位：万只，万头，万吨

年份	肉羊			肉牛		
	存栏量	出栏量	产肉量	存栏量	出栏量	产肉量
2000	27948.2	19653.4	264.1	12353.2	3806.9	513.1
2005	29792.7	24092.0	350.1	10990.8	4148.7	568.1
2010	28087.9	27220.2	398.9	10626.4	4716.8	653.1
2015	31099.7	29472.7	440.8	10817.3	5003.4	700.1
2016	30112.0	30694.6	459.4	10667.9	5110.0	716.8

资料来源：《中国畜牧业统计》。

（2）牛羊肉消费需求不断增长。

我国牛羊肉消费总体呈现出增长的态势（见表 7-4）。城镇居民家庭牛羊肉人均消费量从 2000 年的 2.0 千克和 1.4 千克增长到 2016 年的 2.5 千克和 1.8 千克，分别增长了 25%和 28.57%；农村居民家庭牛羊肉人均消费量从 2000 年的 0.5 千克和 0.6 千克增长到 2016 年的 0.9 千克和 1.1 千克，分别增长了 80.00%和 83.33%。这还未考虑城乡居民户外消费情况，随着城乡居民消费水平提升及消费结构改善，牛羊肉户外消费也呈现出持续增长的态势。总体来看，我国城乡居民对牛羊肉的消费具有强劲需求。

表 7-4　我国城乡居民家庭人均牛羊肉消费情况

单位：千克

年份	城镇居民				农村居民			
	猪肉	牛肉	羊肉	禽肉	猪肉	牛肉	羊肉	禽肉
2000	16.7	2.0	1.4	5.4	13.3	0.5	0.6	2.8
2005	20.2	2.3	1.4	9.0	15.6	0.6	0.8	3.7
2010	20.7	2.5	1.3	10.2	14.4	0.6	0.8	4.2
2015	20.7	2.4	1.5	9.4	19.5	0.8	0.9	7.1
2016	20.4	2.5	1.8	10.2	18.7	0.9	1.1	7.9

资料来源：《中国统计年鉴》。

（3）牛羊肉进口量持续增长。

我国牛肉进口量由 2000 年的 0.64 万吨增加到 2016 年的 57.98 万吨；出口量

却不断下降，由2000年的1.71万吨下降到0.41万吨（见表7-5）。可见，国内市场对牛肉的需求正在强劲增长，且根据发达国家人均牛肉消费量发展规律判断，我国牛肉人均消费量将会继续增加。与此同时，我国羊肉进口也呈现出增长势头。2011年以前，我国羊肉进口长期处于低水平状态，一直未超过10万吨，但近年进口急剧增长，2016年进口量已达22.01万吨；羊肉出口量则长期处于低位，2016年出口量与2000年水平相当，仅为0.41万吨。

表7-5 我国牛羊肉进出口贸易情况

单位：万吨，美元/千克

年份	牛肉进口		牛肉出口		羊肉进口		羊肉出口	
	进口量	价格	出口量	价格	进口量	价格	出口量	价格
2000	0.64	1.09	1.71	1.37	1.78	0.79	0.42	1.37
2005	0.11	7.67	1.91	2.17	4.14	1.32	3.00	1.89
2010	2.36	3.56	2.21	4.93	5.70	2.75	1.35	5.12
2015	47.38	4.90	0.47	9.51	22.29	3.27	0.38	8.97
2016	57.98	4.34	0.41	9.72	22.01	2.61	0.41	8.69

资料来源：UN Comtrade数据库。

（4）牛羊肉价格处于高位运行态势。

近年来，我国牛羊肉价格持续上涨，尤其是2007年之后上涨更为迅速，目前牛羊肉价格高位运行态势尚未转变。2007年，我国牛肉平均价格为22.23元/千克，羊肉平均价格为23.49元/千克，分别比2000年上涨了76.07%和62.51%；2016年牛羊肉价格进一步上涨到62.69元/千克和55.93元/千克，比2007年上涨了181.93%和138.16%。虽然近年来羊肉价格有所下滑，但其依旧处于较高水平（见图7-1）。

7.3.2 草产品市场分析

7.3.2.1 国际草产品市场分析

（1）国际草产品贸易及市场价格呈上行态势。

自2000年以来，国际草产品市场贸易量总体呈现出上升态势（见图7-2）。

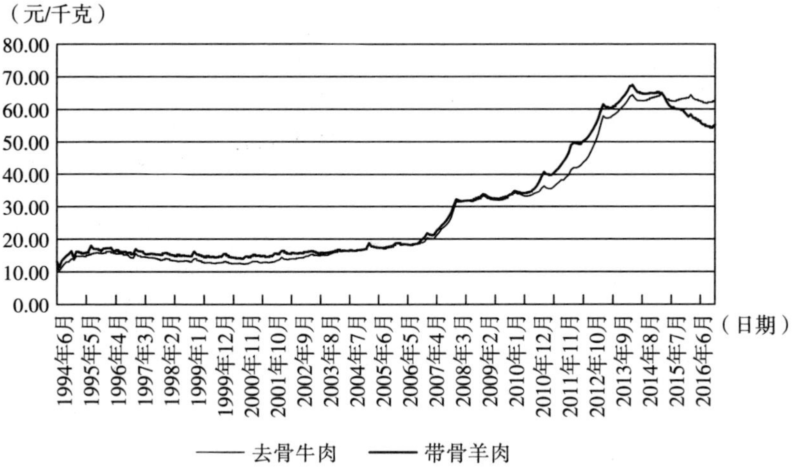

图 7-1　我国牛羊肉价格走势

资料来源：《中国畜牧业统计》和中国畜牧业信息网。

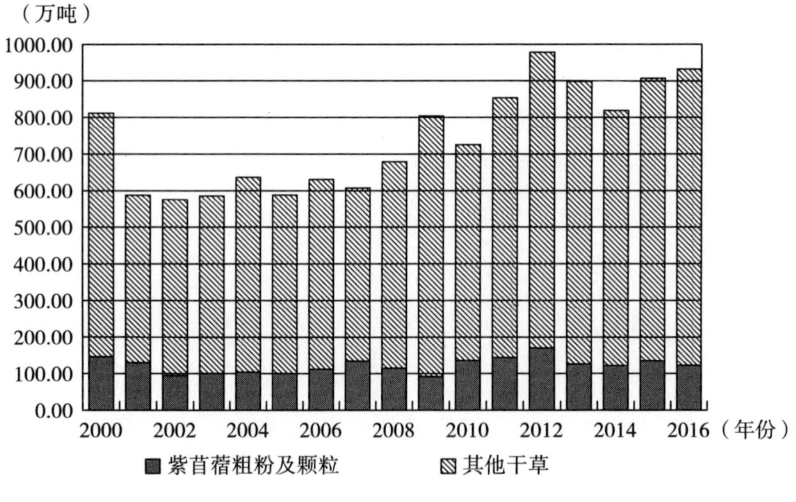

图 7-2　2000~2016 年国际草产品贸易量变动情况

资料来源：UN Comtrade 数据库。

2000 年，世界草产品贸易量为 812 万吨，2012 年增长至 978 万吨，创历史最高，随后贸易量连续两年大幅下滑，2014 年贸易量仅为 819 万吨，2016 年贸易量增长至932万吨。从贸易价格来看，2000年以来草产品价格一路飙升，之后开始走低。2000年，紫苜蓿粗粉及颗粒平均离岸价格为116.40美元/吨，2013年上涨至281美元/吨，但2016年跌至247美元/吨；2000年其他干草离岸价格为117美元/吨，2013年涨至312美元/吨，2016年跌至279美元/吨。

（2）澳大利亚和西班牙是国际草产品主要出口国。

2016年之前，美国一直是国际草产品第一出口国，主要出口产品为苜蓿干草，年出口量约400万吨，出口量远高于其他国家；澳大利亚为第二大出口国，主要出口苜蓿干草和燕麦草，长期以来，其贸易地位十分稳定，年出口量约100万吨；其他贸易国出口量相对较低。2016年，世界草产品出口国家约为80个，其中澳大利亚、西班牙为主要出口国，出口量分别为125.42万吨和110.62万吨，出口量在10万吨以上的国家还有意大利、加拿大、法国和德国，出口量分别为48.33万吨、40.74万吨、30.23万吨和11.37万吨（见表7-6），6个国家出口量占世界总贸易量的比重达82.72%。

表7-6 2016年国际主要草产品进出口国贸易情况一览

单位：万吨

序号	出口		进口	
	国家	出口量	国家	进口量
1	澳大利亚	125.42	日本	206.97
2	西班牙	110.62	阿联酋	175.79
3	意大利	48.33	中国	171.78
4	加拿大	40.74	韩国	105.43
5	法国	30.23	沙特阿拉伯	35.45
6	德国	11.37	瑞士	17.64
7	南非	9.69	荷兰	13.40
8	罗马尼亚	7.89	德国	8.48
9	荷兰	7.53	比利时	8.45
10	波兰	6.81	加拿大	6.38

资料来源：UN Comtrade数据库。

（3）日本、阿联酋、中国和韩国是国际草产品主要进口国。

2016年，国际市场上进口草产品的国家有120多个，其中，日本、阿联酋、中国和韩国是主要草产品进口国。2016 年，4 个国家草产品进口量分别为 206. 97 万吨、175. 79 万吨、171. 78 万吨和 105. 43 万吨，占世界总贸易量的比重达到 78. 36%；其他国家进口量相对较少。日本作为世界草产品最大的进口国，1991 年以来年进口量一直维持在 200 万吨以上；阿联酋草产品进口量在 2009 年起突破 100 万吨；中国草产品进口量 2008 年之前处在较低水平，之后年份呈现出快速增长态势，2008 年进口量首次突破万吨，2016 年进口量增至 171. 78 万吨；韩国草产品进口量从 2012 年起开始突破百万吨，近年来一直维持在 100 万吨左右。

（4）美国和澳大利亚是我国草产品主要进口来源国。

近年来，我国草产品主要进口来源国有 10 多个，包括美国、澳大利亚、加拿大、西班牙、蒙古等国家，其中美国和澳大利亚是我国草产品主要进口来源国（见图 7-3）。我国从美国进口的草产品主要是苜蓿干草，近年来，进口量及进口价格均呈现出增长态势，2016 年进口量达 128. 83 万吨，进口价格为 323. 99 美元/吨；从澳大利亚进口的草产品主要是燕麦草，其进口量及进口价格也呈现出上升趋势，2016 年进口量为 22. 26 万吨，进口价格为 328. 14 美元/吨；从加拿大、西班牙和蒙古进口的草产品则分别为 5. 65 万吨、7. 18 万吨和 7. 52 万吨。

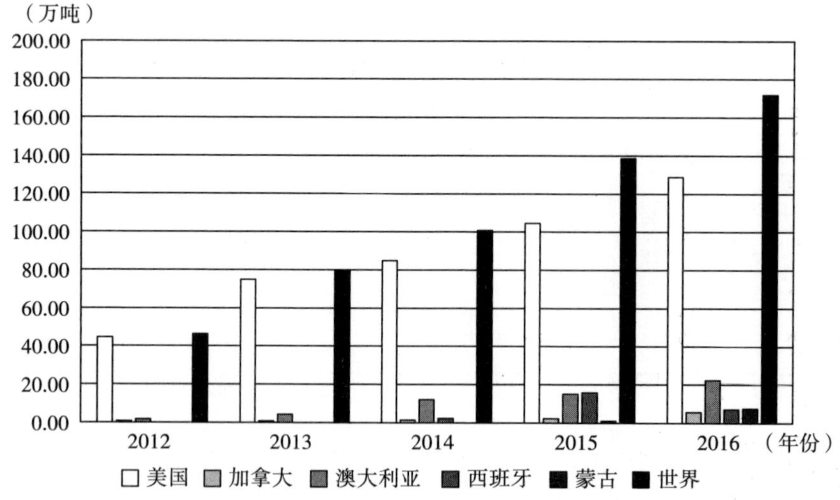

图 7-3 2012~2016 年中国草产品进口来源国情况

资料来源：UN Comtrade 数据库。

7.3.2.2 国内草产品市场分析

（1）草产品消费需求快速增加。

我国草食畜牧业发展迅速，传统“秸秆+精料”粗放型饲喂模式难以适应现代草食畜牧业发展需求，近年来频发的畜产品质量安全事件更为草食畜牧业传统饲养方式敲响警钟。自2008年“三聚氰胺事件”以来，养殖者和政策决策者已逐步认识到牧草对草食畜牧业可持续发展的重要性，国内草食畜牧业发展对饲草尤其是优质饲草的需求快速增加，也在一定程度上推动草产品进口持续增长。统计数据显示，近年来草食性畜养殖青粗饲料使用逐步受到重视（见图7-4）。2010年，我国农户散养肉牛、肉羊和奶牛青粗饲料费分别为277.27元/头、47.53元/只和1643.46元/头，青粗饲料费占饲料总成本的比重分别为21.47%、28.98%和19.30%；2016年，青粗饲料费分别增至410.14元/头、61.68元/只和2377.90元/头，占比则分别达25.14%、31.49%和23.79%。

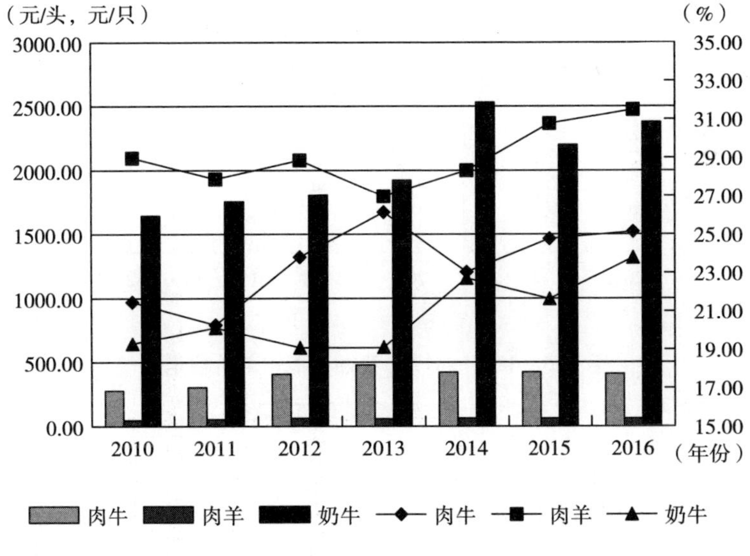

图7-4 2010~2016年我国农户散养草食性畜青粗饲料费用及占比变化情况

资料来源：《全国农产品成本收益资料汇编》。

（2）草产品市场价格呈现上涨态势。

近年来，随着我国草食畜牧业发展规模持续增长及饲料结构不断优化，国内草产品需求逐步增加，推动草产品市场价格维持在较高水平。以苜蓿干草为例，通过近年调研数据得知，2010 年我国苜蓿干草价格为 1.46 元/千克，2014 年达到近年最高值 1.99 元/千克，2016 年下滑至 1.75 元/千克，2017 年价格维持在 1.80 元/千克的水平（见图 7-5）。另外，从贸易市场也可得出一致结论。2008 年，我国进口苜蓿干草到岸价格为 286.62 美元/吨，2016 年上涨至 321.47 美元/吨；燕麦草到岸价格则由 2008 年的 313.59 美元/吨上涨至 2016 年的 328.14 美元/吨。当然，进口草产品价格的上涨也在一定程度上推升国内草产品市场价格。

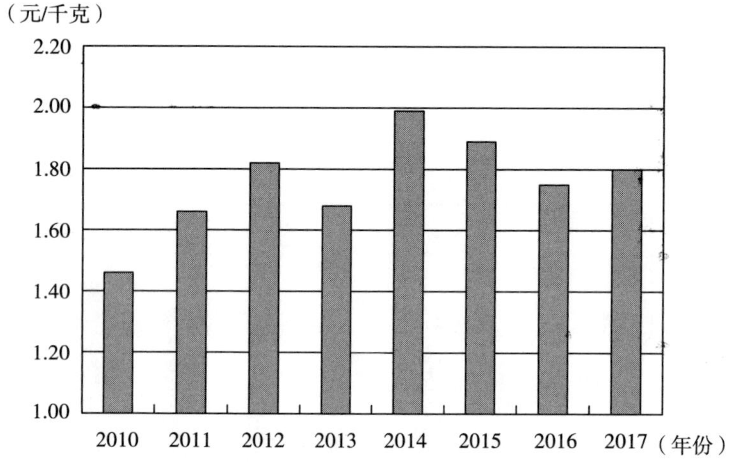

图 7-5　2010-2017 年我国苜蓿干草价格走势

资料来源：国家牧草产业技术体系产业经济研究室跟踪调研数据。

（3）草产品进口量近年持续增长。

长期以来，我国草产品进出口贸易处在较低水平，2008 年之后进口呈现出“井喷式”增长态势。2000 年，我国苜蓿粗粉及颗粒进口量为 0.56 万吨，2008 年降为 0.02 万吨，2016 年又增至 3.17 万吨；2000 年其他干草（主要为苜蓿干草）进口量仅为 0.10 万吨，2008 年达 1.96 万吨，2014 年达 100.49 万吨，2016

年更是达 168.61 万吨（见图 7-6）。从草产品进口贸易结构看，主要为苜蓿干草、燕麦草、天然牧草、苜蓿粗粉及颗粒等，其中苜蓿干草和燕麦草进口所占比重大。

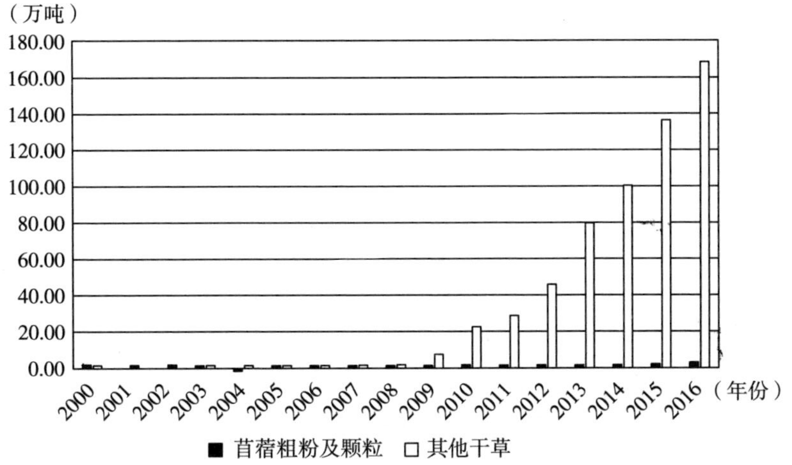

图 7-6　2000~2016 年我国草产品进口情况

资料来源：UN Comtrade 数据库。

（4）M 县草产品供需矛盾突出。

M 县草食畜牧业近年发展迅速，养殖规模不断扩大，肉羊养殖尤为突出。2017 年，M 县肉羊存栏量达 104.95 万只，出栏量为 89.90 万只；肉牛存栏量为 3.20 万头，出栏量为 1.95 万头。草食畜牧业快速发展要求饲草料供给持续增长。目前，M 县虽拥有天然草原面积 1547.48 万亩，其中可利用面积 1274.76 万亩，但由于长期以来草原保护、建设和开发利用不合理，草原保护和建设投入不足，加之气候因素影响，致使草原沙化退化严重。受草原生态环境保护需求约束，M 县天然草原饲草料供给能力不足。此外，全县人工种草发展相对缓慢，截至 2018 年上半年，牧草种植面积仅为 3.84 万亩，与日益增长的草食畜牧业饲草料需求相比，还存在巨大差距，草产品供需矛盾十分突出。

7.3.3 草牧业未来趋势判断

7.3.3.1 畜牧业未来趋势判断

（1）牛羊肉市场供需两旺态势仍将持续。

随着国民经济发展和人民生活水平的不断提高，城乡居民消费观念和消费能力不断提升，作为优质畜产品的牛羊肉，其消费需求将持续增加。为保障市场有效供给，各地政府将相继出台产业扶持政策，支持肉牛肉羊产业发展，必将推动牛羊肉市场供给的稳定增长。据相关学者估算，我国牛羊肉产量将从 2016 年的 716.80 万吨和 459.40 万吨分别增加至 2025 年的 963.23 万吨和 565.10 万吨。受城乡居民收入增长、城市化进程加快及人口持续增加的影响，未来我国城乡居民牛羊肉消费需求仍将保持稳定增长。预计到 2025 年，我国牛羊肉消费量将分别增至 976.43 万吨和 609.59 万吨。

（2）牛羊肉进口将继续增加。

随着牛羊肉国内需求不断增加，我国牛羊肉市场供需矛盾仍将突出，缺口依旧很大，国内牛羊肉市场对外依赖程度不断提升。从历史数据可知，近年来我国牛羊肉进口量急剧增长。随着中澳自贸区的建立和贸易壁垒降低，牛羊肉进口量仍将不断提高。据预测，2015~2025 年，我国牛肉进口年均增长率为 3.22%，羊肉进口年均增长率则达 5.70%。虽然近期中美贸易摩擦不断，畜产品也成为中美贸易战的重要战场之一，但我国从美国进口的牛羊肉相对有限，中美贸易摩擦不会对我国牛羊肉进口造成重大影响。

（3）牛羊肉价格仍将处于高位盘整。

我国牛肉羊生产效率长期不高，导致生产成本居高不下。特别是近年来，肉牛肉羊生产饲草料成本和人工费用持续上涨，土地流转费、水电费等也不断攀升，这将导致肉牛肉羊养殖成本长期处于高位。另外，我国城乡居民牛羊肉消费需求旺盛，部分区域甚至出现了供不应求的局面。虽然近期牛羊肉价格稍有下滑，但其仍处高位。在养殖成本持续上升、供需趋紧的现实背景下，未来我国牛羊肉价格高位盘整的态势仍将持续。

7.3.3.2 牧草市场未来趋势分析

（1）草产品市场强劲需求态势仍将持续。

目前，国内外草产品市场均呈现出强劲的需求态势。根据当前肉类消费结构及草食畜牧业发展理念变迁的趋势判断，未来草产品强劲需求态势仍将持续。首先，随着经济发展水平提高及城乡居民消费结构改善，居民草食畜产品消费需求将持续增长，使草食畜牧业快速发展，致使草产品市场形成刚性需求。其次，随着人们对动物性食品安全认识的提高，关于使用优质饲草替代部分精饲料的呼声日益高涨，草食畜牧业生产过程中，饲草料结构将不断改善，该种生产方式的转变也将在一定程度上推动草食畜牧业发展对草产品的需求。最后，从宏观发展战略来看，使用更多的饲草，减少对饲料粮的消耗，也是保障国家粮食安全的内在要求。

（2）草产品进口增长势头短期难以扭转。

虽然我国属草原资源大国，拥有各类草原面积约60亿亩，且近年来牧草产业发展迅速，但牧草生产效率不高、草产品商品化程度低、牧草产业国际竞争力弱等问题依旧突出，牧草尤其是优质牧草供给短缺严重，季节性、区域性供需不平衡现象明显。从草产品需求来看，随着国内草食畜牧业持续发展及畜禽养殖饲草料结构不断改善，我国草产品市场强劲需求态势将会持续。从国内供需两个层面判断，草产品供给依旧难以满足国内草食畜牧业发展需求，未来国内草食畜牧业发展仍需依靠国际草产品市场支持，预计当前草产品进口持续增长的势头短期难以得到根本扭转。

（3）M县草产品供需矛盾问题仍将持续存在。

当前，M县积极推进草食畜牧业发展，全县牛羊等草食牲畜养殖量不断攀升，但作为草食畜牧业发展重要物质基础的饲草却因政策扶持力度不够，其发展相对缓慢。同时，与传统粮食作物相比，牧草生产优势不足，相应政策补贴较低，再加上牧草生产机械等要素成本投入较大，极大影响农牧民牧草种植积极性。此外，种植牧草还将在牧草刈割、加工、储存和运输阶段面临大量风险，农牧民应对牧草生产风险、调整种植结构、发展牧草产业的积极性也不强。基于草食畜牧业发展对优质饲草料的需求及当前牧草产业发展面临的诸多问题与约束，预计M县未来草产品市场供需缺口将持续存在，亟待通过现代牧草产业发展缓解矛盾。

（4）节水型牧草产业是M县草牧业发展的未来方向。

M县水资源紧缺，且水资源紧缺现状未来仍将持续，积极探索节水高效型牧草产业将是未来M县草牧业发展的方向。M县牧草产业发展亟须推行“公司+合作社+农牧户”等发展模式，依托一批起点高、带动力强的草牧业龙头企业，引进先进技术，推行科学管理，以节水高效为根本，发挥创新和示范带动能力，推动牧草全产业链发展，推进草畜紧密结合，引领全县节水高效型草牧业持续快速发展。同时，牧草产业发展必须以保障和改善生态环境为基础，通过选择合适的品种，适当的结构，打造M县“生态草”；在此基础上，积极推进牧草商品化进程，加大草产品流通体系建设，为草食畜牧业持续稳定发展保驾护航。

7.3.4 M县草牧业销售策略

7.3.4.1 牛羊肉主攻市场

（1）深耕本省、站稳“新宁”。

随着居民收入水平的提高和消费结构的不断改善，城乡居民牛羊肉需求潜力巨大。而从目前来看，M县牛羊肉价格仍略低于国内部分省份，因此，M县牛羊肉在国内市场还具有很大的发展空间，考虑到交通条件和物流成本问题，建议深耕本省市场、站稳新疆和宁夏市场。一方面，本省牛羊肉消费市场平稳增长。2005年，本省农村居民家庭人均牛肉和羊肉消费量分别为0.41千克和1.28千克，2016年增长到0.63千克和2.23千克，分别增长了53.66%和74.22%；城镇居民家庭人均牛肉和羊肉消费量则由2005年的1.71千克和2.17千克增长到2016年的2.50千克和3.60千克，分别增长了46.20%和65.90%。另一方面，新疆和宁夏不但与M县地理位置较近，有着吃牛羊肉的传统，市场稳定且消费量可观。2015年新疆人均牛羊肉消费量达17.86千克，宁夏为9.93千克，均远高于全国平均水平。

（2）挺进西亚。

我国城乡居民牛羊肉消费均呈现出增长态势，尤其是对牛肉的需求更为强劲。2016年，城镇居民牛羊肉人均消费量达2.50千克和1.80千克，农村居民牛羊肉人均消费量达0.90千克和1.10千克。如果在做到深耕本省、站稳新宁（新疆和宁夏）后，仍有余量和余力开拓国际市场，建议重点开拓西亚地区市场。一方面，因为西亚已有15国被列为“一带一路”倡议重点发展伙伴，与西亚的贸易是我国国际贸易未来重点发展方向之一；另一方面，西亚地区近年来的牛羊肉进口量远高于中亚各国，且总体呈增加趋势，其中牛肉进口量2016年达33.89万吨，羊肉也达到了16.96万吨（见图7-7）。且西亚地区主要为伊斯兰国家，牛肉和羊肉的可替代性较弱，有比较稳定的牛羊肉消费市场。

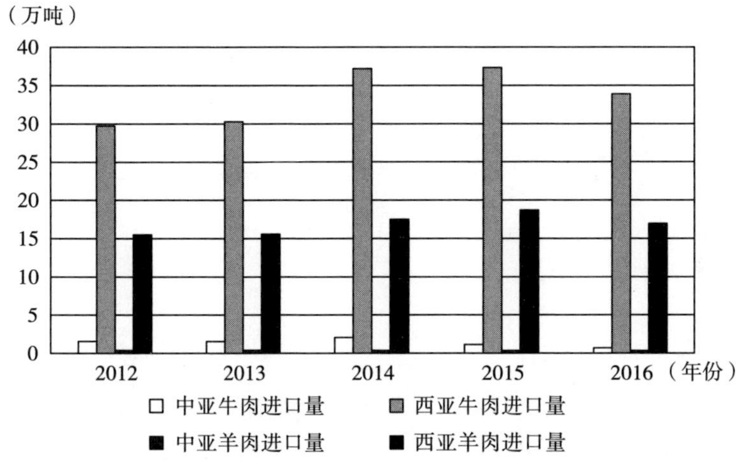

图7-7 2012~2016年西亚和中亚牛羊肉进口量

资料来源：联合国粮农组织贸易数据库。

7.3.4.2 牛羊肉销售策略

产品策略是市场营销的基础。M县相关部门要尽全力保障所生产的牛羊肉在质量安全的基础上营养美味，根据对潜在目标消费市场的进一步了解与分析，定位主攻消费层。由于独特的自然环境，M县羊肉独特的口感已经获得大量消费者的认可，今后的重点可适度向牛肉倾斜。充分重视渠道策略和品牌建设，产品好只是第一步，最终还是要卖出去，实现其使用价值。尝试建立一支 M 县优特农畜产品销售经纪人团队，开拓新销售渠道，维护已有渠道，包括电商和实体市场，要两手抓两手都要硬。做好、做强县域羊肉地理标志的同时，可鼓励企业注册若干个畜产品品牌，打响品牌有利于进一步拓展市场、增加销量，进而获得经济效益。

7.3.4.3 牧草主攻市场与销售策略

苜蓿和青贮玉米草销售大部分定位于县域内本地市场，对于优质苜蓿可定位于国内市场，供应国内奶业等草食畜牧业大型企业。通过建立政府引导、市场主导的牧草销售平台，打造牧草运输绿色通道，切实提升牧草流通效率，实现草产品价值提升，保障牧草产业经济效益。

7.4 草牧业发展思路

7.4.1 畜牧业发展思路

以肉牛肉羊养殖为基础，重视牛羊种源基地建设，主抓肉牛肉羊品种改良，通过精细化饲养技术、优质饲草料配方、现代化屠宰加工及先进适用环保工艺，创新“公司+合作社+农牧户”“公司+家庭牧场”等发展模式，加快推进标准化规模养殖，提高牛羊肉综合生产能力和产品市场竞争力；着力优化肉牛肉羊产业布局，推进绿色生态兴牧、质量安全兴牧、品牌战略强牧，实现肉牛肉羊全产业链现代化发展。

7.4.2 牧草产业发展思路

以节水为根本，以生态为导向，以科技为支撑，以市场为基础，积极引进先进生产设备，通过专业化管理、机械化作业、标准化生产，建立严格的质量监管体系，合理规划牧草基地种植结构，切实推进牧草加工与流通，保障草食牲畜对优质苜蓿、青贮玉米的需求，确保节水高效型牧草全产业链持续稳定发展。在此基础上，推行“公司+合作社+农牧户”发展模式，带动县域农牧民参与牧草种植，推进牧草产业规模化、机械化及专业化进程，为发展肉牛肉羊养殖奠定坚固的饲草料基础。

7.5 草牧业发展重点与技术方案

7.5.1 发展重点

7.5.1.1 畜牧业发展重点

（1）开展现代肉牛肉羊良种繁育。

引进西门塔尔、安格斯及秦川牛等肉牛品种，杜泊、萨福克、陶赛特、湖羊等肉羊品种，以现代化龙头企业为实施主体，依托M县已有的3个良种繁育基地，升级改造为现代化肉牛肉羊良种繁育示范基地，随着优质种源引进和培育，逐步在全县肉牛肉羊养殖重点区域、重点镇推广优良品种，最终实现良种县域全覆盖。农业农村部和财政部联合发布的《2018年财政重点强农惠农政策》中指出要加强牧区畜牧良种推广。对内蒙古、四川等8个省份使用良种精液开展人工授精的肉牛养殖场（小区、户），以及存栏能繁母羊30只以上的养殖户进行适当补助。

1）土建工程。现代肉牛肉羊良种繁育基地土建工程包括母牛（羊）圈舍、母牛（羊）运动场及种公牛（羊）圈舍等。

2）设备购置。现代肉牛肉羊良种繁育基地设备购置包括全混合饲喂车及牵引、B超仪、液氮罐、配种器械、兽医器械等。

（2）推行标准化肉牛肉羊养殖。

扶持肉牛肉羊养殖现代化龙头企业，推进“公司+合作社+农牧户”“公司+

家庭牧场”等发展模式，着力打造 M 县现代标准化肉牛肉羊养殖基地。农业农村部和财政部联合发布的《2018 年财政重点强农惠农政策》中指出要奖励生猪（牛羊）调出大县：包括牛羊调出大县奖励和省级统筹奖励资金。大县标准和资金使用要求按照《生猪（牛羊）调出大县奖励资金管理办法》（财建〔2015〕778 号）执行。

1）土建工程。标准化肉牛肉羊养殖基地土建工程主要包括圈舍、运动场、饲料储备库、粪污池等。

2）设备配备。肉牛肉羊养殖设备配置主要有饲料搅拌机、切草机、饲料粉碎机、监控设备、冷冻设备、大型货车、中型货车及饲养用具等。

（3）建设现代化肉牛肉羊屠宰加工基地。

在现有工业园区建设现代化肉牛肉羊屠宰加工基地，扶持龙头企业升级配套完善的现代化畜禽屠宰加工与物流体系。

1）土建工程。肉牛肉羊屠宰加工的土建工程需要有待宰车间、屠宰车间、分割车间、冷却排酸间、冻结间、冷藏库、其他用房及停车场等。

2）设备配置。肉牛肉羊屠宰加工设备配置需要有屠宰加工生产线设备、粪污水处理场、无害化处理设施设备、运输设备、化验设备、维修工具等。

（4）鼓励优质畜产品品牌创建。

制定品牌建设规划，开展畜产品质量认证，加快进行产地认证、绿色有机畜产品认证等，扩大羊肉等国家地理标志保护产品的影响力，提升其在省内外的市场占有率。引导企业申报国家、省级龙头企业、驰名著名商标，形成子母品牌矩阵，推动“产品—品牌—产业”的发展升级，打好县域农业公用品牌。指导龙头企业规划产品品牌并给予适当的财政补贴和技术支持。借势河西走廊绿色优质农产品交易中心，扶持企业将已有畜产品品牌的知名度进一步扩大并逐步建立县域绿色优质畜产品品牌体系。

7.5.1.2 牧草产业发展重点

（1）重点政策介绍。

当前，牧草产业扶持政策可大致划分为两类，即生态性政策和生产性政策。

其中，生态性政策包括草原生态保护补助奖励政策，以及退牧还草、退耕还林还草、京津风沙源治理、西南岩溶地区石漠化综合治理等系列工程项目；该类政策旨在保护和恢复草原生态环境，同时推动牧草生产与产业发展。就生产性政策而言，其主要包括“粮改饲”、振兴奶业苜蓿发展行动、南方现代草地畜牧业推进行动及其他直接作用于牧草生产的政策项目。

在当前国家大力推进农业供给侧结构性改革、实施种植业结构调整的宏观背景下，加快推动M县牧草产业快速发展，契合国家生态文明建设的总体部署，符合“绿水青山就是金山银山”的发展理念，是贯彻国家草牧业政策、“粮改饲”政策的重要抓手。

（2）重点建设内容。

为满足M县肉牛肉羊产业发展饲草料需求，应重点建设牧草种植与加工基地。

牧草种植基地。通过引进优质牧草品种，在试验示范基础上，推广苜蓿、青贮玉米等优质牧草品种；扶持集种植与加工为一体的大型专业化牧草生产企业，通过发展“公司+合作社+农牧户”模式，带动县域及周边农牧民参与发展牧草产业，实现优质牧草稳定生产，为肉牛肉羊产业发展提供饲草料基础。同时，通过苜蓿与其他农作物的科学轮作，着力改善休耕地土壤质量；通过牧草品种和灌溉技术使用，实现节水高效型牧草全产业链持续稳定发展。

牧草加工基地。立足牧草全产业链，推进优质牧草加工；扶持集种植与加工为一体的大型牧草生产企业，引进先进实用牧草加工生产设备，配套先进生产工艺流程，提升牧草种植、刈割、加工、贮藏等技术与管理水平，生产优质苜蓿和青贮玉米，提高草产品质量安全水平，为肉牛肉羊产业发展提供安全优质牧草。

1）土建工程。牧草种植与加工基地土建工程主要包括农机库、牧草加工车间、牧草贮藏库、堆贮场、地磅及磅房等。

2）设备配置。苜蓿生产流程包括耕整地、播种、收获环节，其中收获环节又分为刈割压扁、搂草和打捆环节；苜蓿种植与收贮所需生产设备配置主要包括拖拉机、液压翻转犁、整地机、空气播种机、组合式割草压扁机、摊晒机、打捆机、喷灌机及运输车等。青贮玉米生产流程包括耕整地、播前处理（根据需求安排环节）、播种和青贮收获环节；青贮玉米种植与收贮所需生产设备配置主要包括拖拉机、液压翻转犁、整地机、精量播种机、青贮饲料收割机、青贮裹包机、青贮输送机、青贮铲车、种子处理仪、喷灌机及运输车等。

7.5.2 主要技术方案

7.5.2.1 畜牧业技术方案

（1）肉牛肉羊养殖。

1）养殖品种。肉牛以西门塔尔、安格斯、秦川牛及其杂交后代等为主要品种。肉羊以杜泊、萨福克、陶赛特、湖羊及其杂交后代为主要品种。

2）养殖方式。通过扶持大型企业，推行“公司+合作社+农牧户”“公司+家庭牧场”的模式，充分利用好已有的肉羊养殖场（小区）和肉牛规模养殖场（小区），按照“提羊扩牛”的思想方针大力推进全县肉牛肉羊产业发展。

3）主要产品。肉牛养殖基地的主要产品为育肥牛，年龄一般为 1.5~2.0 岁，活重为 500~550 千克。肉羊养殖基地的主要产品为 7~8 个月的 60~80 千克的育肥羊。产品质量符合中国无公害肉牛肉羊生产标准，符合欧盟肉牛肉羊生产标准。

如果想要发展有机牛羊肉，必须是在国家认证的有机农场养殖，且按照国际有机农业生产要求和相应标准生产加工，并通过独立有机食品认证机构认证的牛羊肉才能被称为合格的有机牛羊肉。而有机农场需要严格执行对自然水资源、土地资源的保护。且牛羊肉在整个生产过程中须严格遵循有机食品的生产、加工、包装、贮藏、运输等标准。生产者在有机牛羊肉生产和流通过程中，必须有完善的质量跟踪审查体系和完整的生产及销售记录档案，且在生产加工过程中不使用任何合成化肥、农药和添加剂，并通过有关颁证组织检测，确认为纯天然、无污染、安全营养的牛羊肉才可被认证为有机牛羊肉。

有机牛羊肉比绿色天然牛羊肉要求更严、档次更高，其主要市场在发达国家，其对大气、水土等生产地的要求也更为严格。由于三面环沙的天然屏障，M

县较少发生畜禽疫情，气候和水土条件均较为特殊，建议相关部门因地制宜按照有机牛羊肉认证标准重点扶持并考核几个养殖基地，逐步建立 M 县有机牛羊肉产业链。

（2）肉牛、肉羊屠宰加工。

1）肉牛屠宰加工工艺。可采用当前国内大型屠宰加工企业通用的屠宰、排酸和部位分割工艺，同时依据客户及市场需求选择包装工艺。

主要包括：①待宰圈管理。②刺杀放血。③转挂和预剥。④扯皮加工。⑤胴体加工。⑥同步卫检。⑦副产品加工。⑧二分体排酸。⑨剔骨分割和包装。

加工产品主要包括牛肉和其他副产品。牛肉主要是根据牛的不同部位，对牛肉进行分割，如将腰部肉、短腰肉、膝圆肉、后腿肉、里脊肉、臀部肉分割为优质牛肉，其余部位分割为一般牛肉。副产品主要包括牛皮、肠衣、牛骨、牛血等。

2）肉羊屠宰加工工艺。可采用当前国内大型屠宰加工企业通用的屠宰、排酸和部位分割工艺，同时依据客户及市场需求选择包装工艺。

主要包括：①待宰圈管理。②刺杀放血。③预剥扯皮。④胴体加工。⑤同步卫检。⑥副产品处理。⑦胴体排酸。⑧剔骨分割和包装。

肉羊产品品种主要为羊脖、外板、上脑、短脑、胸口、肋条、膝盖、磨裆、黄瓜头、和尚头、大三叉、腰窝、花腱、羊头肉等。

7.5.2.2　牧草产业技术方案

（1）牧草种植节水方案。

1）种植结构调整。通过种植结构调整，将玉米、小麦、葵花等耗水量大的大田作物改种苜蓿等耗水量较小的作物，实现节水、增绿及增草的效果。

2）节水牧草品种选择。在苜蓿、青贮玉米品种的选择上，瞄准节水、质量与产量目标，科学推荐牧草品种。

3）喷灌技术使用。为保障 M 县当地生态，不建议采用更节水高效的滴灌技术，而选择使用喷灌技术；通过引进卷盘式喷灌机、自走式圆形喷灌机等设备，达到节水效果。

预计节水效果如表 7-7 所示。

表 7-7　牧草种植节水效果一览

序号	项目	2022 年		2035 年	
		苜蓿	粮饲兼用玉米	苜蓿	青贮玉米
1	种植面积（万亩）	25.00	19.30	25.30	18.75
2	设计用水量（立方米/亩）	300.00	400.00	300.00	400.00
3	当前作物用水量（立方米/亩）	614.02	612.94	614.02	612.94
4	节水量（立方米/亩）	314.02	212.94	314.02	212.94
5	总节水量（万立方米）	7850.50	4109.74	7944.71	3992.63
6	总收入（万元）	33000.00	40320.00	33396.00	26880.00
7	总利润（万元）	3960.00	4838.40	4007.52	3225.60
8	单方水收入（元/立方米）	4.40	6.00	4.40	6.00
9	单方水利润（元/立方米）	0.53	0.72	0.53	0.72

注：苜蓿对应的当前作物用水量为大田作物平均用水量，粮饲兼用玉米及青贮玉米对应的当前作物用水量为玉米用水量。

总体来看，测算结果显示种植牧草节水效果良好。2022 年牧草种植节水量合计 11960.24 万立方米，2035 年节水量合计 11937.34 万立方米。种植苜蓿、青贮玉米单方水收入分别为 4.40 元/立方米、6.00 元/立方米，利润分别为 0.53 元/立方米、0.72 元/立方米。由此可见，通过节水方案的实施，大力推进牧草产业发展，可确保生态与生产双重功能的实现。

（2）苜蓿种植与收贮方案。

1）苜蓿选种：根据当地土壤特性及其他自然条件，建议主要种植金皇后、WL 系列、甘农系列等品种。

2）种植技术流程：整地→选种→播种（时期、深度及播种量）→田间管理（苗期管理、施肥、地下渗灌）→刈割→翻晒→田间打捆。

3）灌溉技术流程：灌溉可采取喷灌技术，利用自走式圆形喷灌机进行灌溉。

4）苜蓿收获及贮藏技术：苜蓿主要制作干草。在苜蓿干草制作工艺流程中，首先，要确定刈割时间，一般在孕蕾期或初花期进行收割，以保证苜蓿干草良好的营养物质基础；其次，控制好草捆打制时干草的最佳含水量，一般以20%~25%为宜，以避免营养物质的过量损失；最后，及时进行堆垛贮藏。为保证最大限度地减少营养物质损失，必须加快干燥速度。堆垛时草棚应选在干燥阴凉通风处，草捆间要留有通风口，以利于空气流动，抑制有害微生物繁殖，防止草捆发热腐烂。具体技术流程：鲜草刈割→压扁→干燥→捡拾→打捆→堆贮。

（3）青贮玉米种植与收贮方案。

1）青贮玉米选种：根据当地土壤特性及其他自然条件，建议主要种植新青1号、金刚青贮50、大京九26等品种。

2）种植技术流程：整地→中耕除草→灌溉→施肥→病虫害防治→适时刈割。

3）灌溉技术流程：青贮玉米采用喷灌技术，利用卷盘式喷灌机进行灌溉。

4）贮藏技术：青贮玉米贮藏采用裹包青贮和堆贮技术。

裹包青贮：用捆草机将含水量50%~70%的青贮玉米高密度压实，然后用塑料拉伸膜紧紧地把草捆裹包起来，造成青贮所需密封厌氧的环境，裹包后可直接运输至所需地点贮存。在裹包青贮过程中，严格控制含水量，快速排出空气，避免霉菌繁殖，导致养分损失，甚至霉败变质。目前裹包青贮从收割到裹包整个过程都是机械化作业，具体技术流程：鲜草刈割→晾晒→集草→打捆→裹包→贮存。

堆贮：选择在平整、夯实地上建立堆贮平台，宜长方形，平台边缘留一定坡度以利于排水；将青贮玉米输送至堆贮平台，再用塑料薄膜等盖住，用砂石等沿盖膜四周堆放压实，确保密封，同时确保堆贮过程中无密封破坏。具体技术流程：鲜草刈割→晾晒→集草→堆贮→密封。

第8章 培育：农业新业态发展培育

8.1 休闲农业产业

综合当前国内各地实践，休闲农业可表述为：利用农村自然环境、景观、生态、农村设备、农村空间、农特产品及文化资源等，结合农林渔牧生产、农业经营活动、农村文化及农家生活，经过规划设计，并适度导入外部资源，如资金、运营团队等，以发挥农业与农村观光休闲旅游功能，增进人们对农业及农村的体验为目的的农业经营。休闲农业的核心仍是农业，而非休闲，其本质是农业一二三产业环节的高度融合，农村农业三个领域——生产、生态和生活的有机结合。因此，推进休闲农业的基础必然是发展良好的第一产业，以农业产中为基础，加强农业基础设施建设和农业产业扶持；前向发展结合农业科技、引入外部资金，提升农业生产资料产业；后向发展农产品加工业、农产品销售和农业产业体验。三个环节和三个领域有艺术性地融合，同时体现农村之美、农业之要、农旅之趣，才能真正有效地推进休闲农业的发展。

8.1.1 发展现状

M县休闲农业产业的发展状况可总结为有基础、欠规模，有布局、无体系，有思路、须落实，有发展、缺升级。

8.1.1.1 产业初具雏形，经营规模不断扩大

全县共培育现代农业示范园、万亩葡萄庄园、沙生药材科技文化博览园等休闲观光农业示范点 3 个，实施生态旅游村、现代农业产业园、现代农业创新示范园、旅游观光园、田园休闲农业综合体乡村旅游建设项目 5 个，培育旅游专业村 5 个，发展农家乐 80 家，着力打造文化旅游特色小镇和生态特色旅游小镇，将 4 个村列为千合农庄试点村规划建设。2017 年全年接待游客 41.63 万人次，实现旅游综合收入 2.45 亿元，通过有序引导和政策支持，全县乡村旅游产业呈现出良好的发展势头。

8.1.1.2 宣传力度不断加大，品牌建设日渐成熟

一是丰富产品类型，增强品牌意识。因地制宜举办油桃采摘节、西瓜采摘大赛等特色文化旅游活动；推出特色大盆鱼、麻辣鱼、酸辣鱼、特色烤全羊等地方特色名吃；以肉苁蓉、锁阳、红枣、枸杞等特色农产品精深加工为主，开发系列乡村旅游特色商品；扶持企业开发大漠灵驼、沙雕、民间布艺、手工刺绣等旅游文创产品。二是加强电视媒体宣传与展会宣传。认购省级卫视天气预报开窗广告及省级电视频道旅游专题栏目、机场廊桥广告等宣传载体，展示乡村旅游资源；组织企业参加丝绸之路国际旅游节、洽谈会和省级旅游商品展览会，以拓展旅游客源市场。

8.1.1.3 产业支持政策日渐完善

一是秉持全域旅游发展理念，加快编制旅游产业规划。县域《全域旅游发展总体规划》《红崖山水库及周边区域旅游总体规划暨重要节点详细规划》取得阶段性成果。二是积极组织实施乡村旅游重点建设项目。自 2015 年以来，全县共争取乡村旅游项目建设资金 193 万元，先后共编制乡村旅游招商引资项目 36 个，发布招商引资信息 160 多条，为加快县域乡村旅游业发展注入了新动力。三是政策补位，助推乡村旅游规范发展。制定出台县域《乡村旅游建设标准及等级评定与管理办法》《文化旅游产业发展扶持奖励办法》，为进一步规范乡村旅游业发展提供依据。

8.1.2 发展短板

8.1.2.1 产业发展处于起步阶段，开发深度有待提升

一是M县的休闲农业还处于“点—点”离散发展阶段，旅游规模小，旅游地零散分布。这一阶段的主要特征是旅游目的地区域空间狭小，与域外联系松散；旅游点数目有限，景观单调，综合吸引力低；客源地市场仅具有近域游客吸引性，且较为脆弱，易受外界因素影响，波动明显。二是乡村旅游市场培育相对滞后，据调查，M县兼具名山、河流、大漠、草原、湿地、水库、各类历史建筑和非物质旅游资源，构成了独有的旅游资源体系，但从目前来看，资源优势并未得到充分发挥，仍停留在区域乡村旅游形象推广的初级阶段，产业质量不高，对高端旅游市场吸引力严重不足，缺乏能在全国叫响的品牌。

8.1.2.2 旅游基础设施较为薄弱

M县休闲农业发展起步较晚，农业旅游景区基础设施特别是休闲配套设施薄弱，水、电、通信、交通设施不配套，卫生条件不能满足需求，景点游、购、娱、食、住、行六大旅游要素不配套，尚不能满足游客的消费要求，须进一步加快规划和建设；一些地区受交通条件限制，旅游资源开发层次低，发展较慢。

8.1.2.3 专业性人才缺乏，服务水平有待提高

总体来看，目前关于休闲农业和乡村旅游的项目开发与科学论证还处于起步阶段，相关专业人才在全国范围内都较为缺乏。M县乡村旅游处于快速发展起步期，对解决当地劳动就业起到了一定的带动作用，但同样存在缺乏针对休闲农业和乡村旅游管理的专业人才的问题，虽然乡村旅游从业人员日渐增加，但经营水平和服务质量却未能同步提高。

8.1.3 市场分析

8.1.3.1 国内市场分析

自改革开放以来，我国旅游业迅速发展并形成了一个巨大的旅游市场，大力发展旅游已成为各界的共识，而休闲农业和乡村旅游作为农业供给侧结构性改革

的重要内容和农业农村经济发展的新动能，也进入了快速发展阶段。2018年，我国出台了《关于促进全域旅游发展的指导意见》，着力推动旅游业转型升级，拥抱“全域旅游”时代。国家旅游局数据中心测算显示，2017年旅游业综合贡献8.77万亿元，对国民经济综合贡献率达11.04%。此外，我国区域旅游发展趋势均衡，东部、中部、西部三大区域旅游接待量总体呈现4∶3∶3格局，项目和资本向中西部聚焦的态势正在形成。在旅游市场整体向好的情况下，党中央高度重视休闲农业和乡村旅游的发展，2016年印发《关于大力发展休闲农业的指导意见》，2017年印发《促进乡村旅游发展提质升级行动方案》，指导全国休闲农业和乡村旅游发展。2016年全国休闲农业和乡村旅游接待游客近21亿人次，营业收入超过5700亿元，同比增长30%；全国上规模的经营主体达30.57万个，比上年增加近4万个，整个行业快速发展且越来越成为百姓出行旅游的首选。

总体来看，无论是国家还是区域层面，发展全域旅游已成为当下的大趋势，休闲农业和乡村旅游的势头向好，而M县独特的自然风光、奇异的地形风貌、深厚的人文积淀、多元的民俗文化为发展全域旅游创造了条件，发展休闲农业正当其时。

8.1.3.2 主要客源市场分析

（1）省内旅游市场分析。

2017年M县所在G省接待国内游客23897.3万人次，比上年增长25%；国内旅游收入1578.7亿元，增长29%（见图8-1）。接待境外旅游人数7.88万人次，增长10.3%。2017年7月，全省旅游接待人数大幅度攀升，成为年度旅游规模增速最快的目的地之一，旅游业对省域经济发展的贡献日益突出。G省境内地形地貌复杂、农产品特色鲜明，文化遗存丰富、农耕文化悠久、民族风情浓郁，发展休闲农业具有得天独厚的资源条件，2017年省农牧厅、发展改革委等16个部门联合印发《关于大力发展休闲农业的实施意见》，为全省休闲农业产业发展提供较大助力。

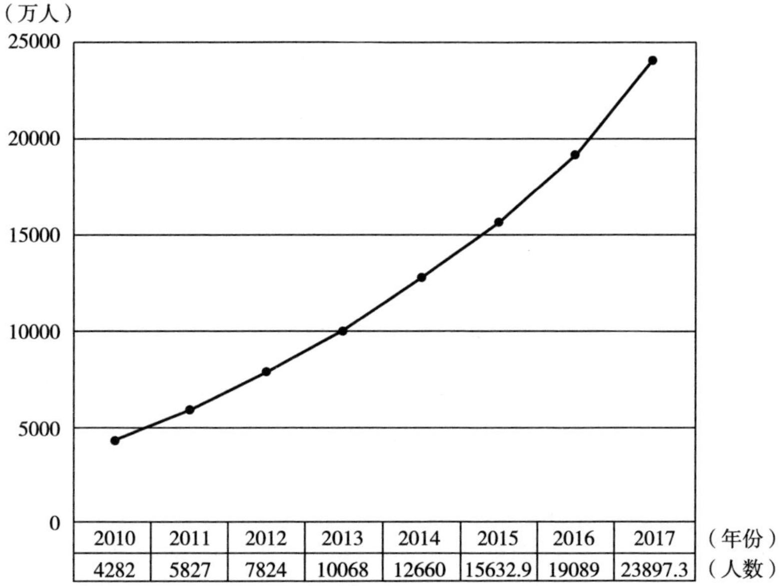

图 8-1　2010~2017 年 G 省国内旅游人数统计

此外，据调查，G 省旅游市场以省内或周边省份客源为主，发达地区的游客较少；休闲度假游比例高；散客比例高，自驾游发展空间大；短线旅游较多；旅游娱乐消费较少。基于此，M 县发展休闲旅游业应该弥补不足，加强互动性，增强对经济发达地区游客的吸引力。

（2）市内旅游市场分析。

W 市作为丝绸之路经济带上的重要节点城市及传统农业城市，目前正处于大力发展旅游的阶段。2017 年全年接待国内外游客 1184.8 万人次，比上年增长 22.15%；实现旅游总收入 63.3 亿元，比上年增长 26.66%，休闲农业和乡村旅游有大量尚待拓展开发的空间（见图 8-2）。

（3）县内旅游市场分析。

就目前来看，M 县休闲农业和乡村旅游主力客源在国内，尤其是县域周边地区。尽管起步较晚，但 2017 年全县游客接待量达 41.63 万人次，比上年增长 28.2%；实现旅游总收入 2.45 亿元，比上年增长 44.1%（见图 8-3）。M 县游客量近年呈明显的直线上升态势，趋势良好，下一步需要竭力开拓范围更广的国内市场，延长游客停留时间。

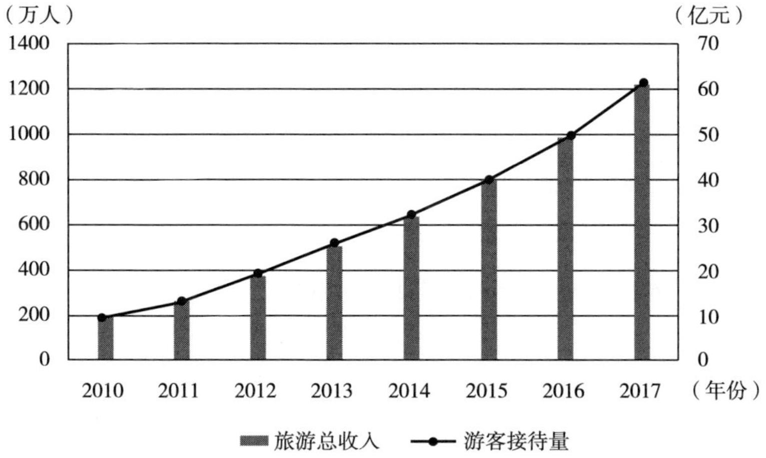

图 8-2　2010~2017 年 W 市游客接待量和旅游总收入

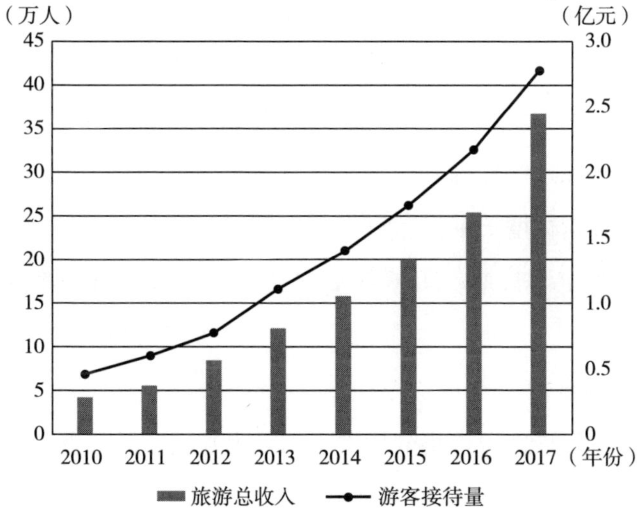

图 8-3　2010~2017 年 M 县游客接待量和旅游总收入

8.1.3.3 区域互动分析

以M县为圆心，向区域周边旅游城市联动发展与省会城市的跨区域旅游合作。W市政府所在地，具有良好的交通条件和旅游产业发展基础。M县旅游应积极融入市级全域旅游发展浪潮中，开展多种形式的旅游合作，吸引游客前往。阿拉善盟旅游发展起步早且与M县有着天然的地缘亲缘优势。M县应借鉴阿拉善盟沙漠旅游的发展模式，因地制宜，打造具有当地特色的沙漠旅游产品，做大、做强休闲农业和乡村旅游。2014年12月G省提出河西五市要建设旅游发展战略联盟，M县应积极加入河西五市旅游发展联盟，加强跨区域旅游合作。兰州作为G省省会，是西北地区的综合交通枢纽和物流中心，也是游客前往西北地区旅游的必经之地。一方面应加强M县在省会机场、火车站等大型公共交通中心的旅游宣传，打造休闲农业和乡村旅游品牌；另一方面应加强合作，提升M县旅游人气。

8.1.3.4 休闲农业和乡村旅游趋势分析与客源定位

（1）趋势分析。

由前文分析可知，M县旅游2010~2017年游客量一直保持较高速度增长，在全国旅游产业近年高速发展的背景下，作为丝绸之路重要节点城市，紧随国家"一带一路"空间布局的实施，M县旅游发展具有极佳市场前景。未来随着M县全域旅游的推进，该地区休闲农业与乡村旅游游客总量将呈现大幅增长的趋势。2018~2022年综合指标增长率将达20%，呈快速发展之势；2022~2026年增长率降为15%，进入稳定增长期；2026年后保持在稳定增长期，增长率控制在年均13%左右。

（2）客源市场定位。

M县休闲农业发展客源市场分层次可划分为基础市场、重点市场、机会市场（见表8-1）。

表8-1 M县休闲旅游客源市场定位

市场类型	区域	优势
基础市场	M县本地及周边区域城市群	区位优势，唤起"乡愁"

续表

市场类型	区域	优势
重点市场	成渝城市群、京津冀城市群、长江三角洲城市群、珠江三角洲城市群	西成高铁和宝兰高铁开通，缩短与兰州、西安等地的交通路程；京津冀有直通当地的高铁与便捷航道；长三角、珠三角客源拥有较强消费能力，航空交通网络较为密集；此类地区自然风光与 M 县存在强烈的差异
机会市场	全国其他城市群；中国港澳台地区、日本、韩国、俄罗斯、中亚、西亚等国家和地区	古丝绸之路节点城市；“一带一路”经济带沿线城市

8.1.4　发展思路

以打造丝绸之路经济带上重要旅游节点为契机，秉持“大景区”理念推进 M 县旅游产业发展，围绕“生态立县、特色强民、文化富民”的总体思路，以激发消费活力、促进一二三产业融合、农民增收为着力点，坚持生态观光为韵，民俗文化为魂，土特产品为基，特色村镇和核心景区为形，产品创新为径，以现有的休闲农业示范园区和核心景区为纽带，将有机瓜菜、特色林果等特色生产基地整体设计和串联，把生产、人文与自然景观融为一体，推进农业与观光、体验、教育、休闲、文化、养生等产业深度融合，大力推广“互联网+农园节”模式，通过打造一批特色鲜明、主题突出，集生态观光、民俗文化、乡村体验等为一体的休闲观光农业和乡村旅游创意精品，促进休闲农业产业健康快速发展，休闲观光农业基础条件不断完善，农业旅游产品日益丰富，服务水平不断提高，品牌知名度不断提升，使休闲农业和乡村旅游成为 M 县旅游产品体系的重要组成部分和特色拳头产品，发掘农村经济新的增长点，助力 M 县成为西北地区重要旅游节点、全国知名休闲农业与乡村旅游目的地。

8.1.5　发展重点

M 县休闲农业产业的推进应从三个层面着手。其一，相关职能部门依据规划，制定产业发展政策及实施方案，完善基础设施建设；其二，先期由政府主导，与适合的社会机构合作成立休闲农业促进中心，宣传休闲农业的发展思路，选择合适的机构进行休闲农业产业发展培训；其三，引导有意愿、有力量的机构进行休闲农业的具体落实，并在产业发展过程中提供技术指导、政策咨询及引入外部合作运营机构和其他所需资源。

8.1.5.1 重点领域与方向

（1）加快推进基础设施建设。

按照建设旅游景区的要求，改善休闲农业硬件条件。对休闲农业村庄的道路、供水设施、宽带、停车场、厕所、垃圾污水处理、游客综合服务中心、餐饮住宿的洗涤消毒设施、农事景观观光道路、休闲辅助设施等基础服务设施进行改造。统一制作与景区、景物相协调的休闲农业宣传广告牌、交通和道路标识牌，强化环境治理和监督指导。

（2）大力推进农旅融合发展。

充分发挥区域资源优势，深入挖掘文化内涵，围绕绿色有机瓜菜、特色林果、特种养殖等产业，拓展农业的休闲、体验、观光、采摘、养生等多种功能。开发农特产品、传统手工艺品、创意农产品等农业特色旅游商品，推出“盆盆鱼”、烤全羊、沙乡三宝等特色美食，实现以农促游、以游带农，协同发展，打响当地“生态县域·大漠之旅”特色旅游品牌影响力。

（3）推进休闲农业示范项目建设。

主要包括休闲农业示范县建设工程和休闲农业示范点（村）建设工程两项。一方面，通过制定全县休闲农业发展规划和服务质量标准体系，完善基础设施建设，组织宣传推广活动，争取国家级休闲农业示范县项目。另一方面，选择符合区域功能定位和土地利用规划、产业发展规划，并与现代农业发展紧密结合、主题鲜明、特色突出、文化内涵丰富、功能齐全、设施完善、市场认知度高、具有示范推广价值的园区、农庄及特色村（点），打造休闲农业示范点。

（4）积极创建休闲农业知名品牌。

积极引导社会资本开发休闲旅游项目，推动休闲农业向集约化、规模化、规范化、标准化方向发展。依托 M 县特色农业资源、景区资源，开发生态治理示范、历史文化展示、乡村休闲度假等休闲旅游类型。规范管理，加强旅游相关人员培训，重视客户体验，提升服务品质。

举办农业嘉年华。在县域范围内联合农业科技园、采摘园、休闲农庄打造 M 县农业嘉年华，扩大 M 县休闲农业的宣传力度和品牌影响（见表 8-2）。

表 8-2　M 县农业嘉年华项目策划情况

序号	名称	内容简介
1	优质农产品展销活动	旨在售卖 M 县特色农产品，促进优质农产品销售，活跃新型农业经济
2	农业艺术展示活动	包括瓜样年华、果蔬探秘、沙生植物乐园等项目，突出展示农业的艺术性，以及生产、生活、生态、休闲的多功能性
3	科技展示活动	向游客展示种植与养殖的名、优、新、特品种及高效节水技术、种养加结合模式等，突出展现 M 县农业科技新进展及产业优势
4	趣味农事体验活动	设置趣味性、参与性、科普性及互动性强的互动体验活动，让游客在娱乐的过程中体验采摘等农业乐趣，了解 M 县现代农业
5	养生农业科普活动	举办前沿的农业论坛活动，让高效节水农业、有机农业、养生农业的理念和做法更加普及
6	"生态县域·大漠之旅"摄影展	举办"生态县域·大漠之旅"摄影大赛，选出优秀作品，进行展出。引导游客在欣赏 M 县独特的自然风光后，产生亲临现场观赏游玩的想法

引入"互联网+"模式串联休闲农业节庆。用"互联网+农园节"将沙枣花节、蜜瓜节等农事节庆、主题活动串联起来。推广移动互联网互动服务平台在休闲农业领域的应用，尤其是微信，运用此平台详细呈现 M 县休闲农业资源，同时基于 LBS 位置服务向消费者优先推送附近的农园并提供线路导航等功能。消费者关注 M 县的微信农园节后，还可以在线上、线下享有对应优惠。以此为休闲农业注入新活力，真正实现"互联网+休闲农业"的目标。

农业特色旅游商品开发。农特产系列：重点开发蜜瓜、羊肉、红枣、枸杞、苁蓉、沙葱等具有本土特色的绿色农产品。工艺品系列：沙画、布艺刺绣、剪纸等手工艺体验产品。创意品系列：秸秆、树叶、树枝作画或工艺品，通过产业化的方式，形成批量，降低成本，创建品牌。

8.1.5.2　重点建设内容

（1）开展乡村旅游特色村标准化提升。

对已建成的旅游特色村进行标准化提升改造，具体内容包括：①加强基础设施建设。进行道路维护、房屋修缮、停车场建设、厕所改造、村内及景区增建休闲长廊等休闲娱乐设施。②对农家乐进行升级改造。包括卧室、厨房、浴室、厕所等进行标准化改造，达到农家乐经营标准。③注重文化塑造。深度挖掘特色村特色文化，形成特色村旅游品牌。④改善生态环境。特色村道路两旁通过抗旱节水植物绿化美化环境，建设生活垃圾中转站，对生活垃圾进行资源化处理。

新建旅游特色村在配套基础设施方面要实现道路整洁、通畅，便于旅游车辆行驶，主干线通往村公路的路口要有醒目的旅游标识牌，并建设停车场所及符合标准的生态厕所；有满足旅游者一般需求的食宿及购物场所，且安全、卫生、方便；建设医疗救护服务点，为患者提供医疗服务。新建农家乐在居住方面，按照农户居住特色，统一建设标准；在环境上，要符合生态宜居的要求；在饮食方面，规范食品安全标准，满足游客饮食需要。

（2）构建休闲农业推广服务平台。

包括信息中心建设和人才队伍建设两个方面。通过建设休闲农业信息中心，建立 M 县休闲农业信息服务系统，为休闲农业经营主体和消费者提供综合性信息服务。通过建设培训中心，实施休闲农业管理人员培训工程、从业人员培训工程以及创业培训工程等，加强人员培训，提高服务质量，培育一批会经营、懂管理、高素质的新型农民。

（3）建设历史文化体验区。

1）农耕文化院。设立传统农业展示园，室外区域主要展示西北农村各式各样的生活器物、传统农具，展示已经成为历史或者正要消亡的东西，如石磨、石碾、石臼、犁、耙、耧、小推车等。展出农具可让游客动手操作，亲身感受“谁知盘中餐，粒粒皆辛苦”的滋味。在室外展出空间，营造《二十四气节七十二候图》转盘雕塑景点。室内进行实景表演展示，马拉犁杖耕地、播种、收割、石匠做活等手工业生产加工劳动场景，并结合 M 县文化建设纪念品销售区域，以旅游购物为主要内容。与当地村民联合开展 M 县特色商品售卖，结合各种节庆变换装饰、旅游纪念物，让游人从不同角度感受 M 县的特色氛围。

2）历史文化园。依照顺次的历史阶段建设历史文化展馆，一期建设先秦、两汉、两晋、南北朝四个展馆，二期建设隋、唐、宋、元、明、清六个展馆。各展馆以雕塑为主，配合现代声光影像等设施，展现 M 县的发展历史，特别是在特定历史节点 M 县的历史贡献。

（4）设立科技示范创意农业观光区。

1）沙漠戈壁农业示范园。依托沙漠戈壁农业示范园区、龙头加工企业，利用规划建设的现代生物引种与示范中心、现代农业高效生产体系创新与示范工程中心、智慧农业研发中心、有机蔬菜生产基地等资源，打造县郊观光休闲农业示范基地，现代节水农业新设施、新装备、新品种、新技术展示示范基地，农业技术培训、科普教育示范基地及大学实践教育基地，发展以科技示范、科普教育、生态休闲、农业观光采摘为主题的农业生态旅游。

2）农业文创体验馆。以农业观光与文化创意相结合的理念，建设农业文创体验馆。农业废弃物创意利用厂，收集农作物秸秆来作画、制作手提袋、动物模型、杂物篮等，用树叶或树枝粘贴写意画。此外，进行农产品用途转化利用示范，将可供食用的果菜微型化，做成观食两用的盆果、盆菜。

（5）开发特色生态乡村游。

围绕湿地公园、水库等自然资源，以生态旅游特色村为资源核心，开展项目提升提质，建设以地方乡风民俗为特色的乡村旅游点，完善生态观光示范园、采摘园、休闲娱乐区、民俗体验、社区服务中心、村民活动广场，完善镇域综合接待和服务设施建设，提升服务功能，为打造以生态观光和休闲度假为主的旅游特色镇奠定基础。同时打造民俗风情街，建设当地特色美食区，经营羊肉沙米面、西瓜泡馍、麻辣鱼等美食。建设动态文化体验区：搭建戏台，组织演唱队展演当地小曲；重拾旧俗，举办以“游沙海绿洲，品大漠名优产品，寻心灵净土”为主题的赛诗大会；以苏武牧羊故事为基础，弘扬汉文化，进行汉服表演，把传统服饰和现代时装秀有机结合。建立 M 县文创产品展销区：凝练生态、民俗、沙文化为一体的本土文化，开发沙画、布艺刺绣、剪纸等旅游特色商品。

（6）建设生态休闲农业观光区。

1）有机高端农业观光区——有机蜜瓜庄园休闲农业开发项目。依托 S 镇种植蜜瓜得天独厚的资源优势和未来规划种植万亩蜜瓜的契机，打造以蜜瓜种植为主的农庄。建成有机蜜瓜种植示范基地和有机蜜瓜栽培主推技术的展示，围绕蜜瓜主题，对园内景观进行集中改造，设计出移步换景、曲径通幽的效果。此外，建设游客住宿区和生态餐厅，配合蜜瓜汁、蜜瓜冰淇淋，研制开发以蜜瓜为原料的饮品或菜品，做大、做强蜜瓜文化节，将该区建成集吃住行游购娱于一体的蜜瓜养生农庄。一是设计建造蜜瓜庄园景观；二是建设蜜瓜文化及品种展示厅；三是建设游客休闲区；四是建设游客休憩区；五是做大做强蜜瓜文化节，将蜜瓜文化节插上互联网的“翅膀”，将采摘活动搬上“微平台”，推出“微采摘活动”，在网上搭建有机蜜瓜销售电商群。此外，在采摘旺季举办骑行俱乐部观光采摘，举办吃蜜瓜、瓜雕比赛等活动。最终目标以有机蜜瓜庄园为纽带，串联其他村庄，在不久的将来将S镇整合打造成集有机蜜瓜种植、休闲采摘、观光旅游为一体的“蜜瓜小镇”。

2）蒙汉文化融合旅游体验区——草原休闲旅游开发项目。以具有独特自然风光的蒙汉文化融合旅游体验区为定位，打造集荒漠草原观光、休闲娱乐（太空舱、蒙古包、马术体验）、野营、写生、文化观光旅游于一体的荒漠草原游。建设内容具体包括马匹、骆驼及厩舍，马术俱乐部，太空舱集成房屋、蒙古包等餐饮住宿设施。

（7）打造半荒漠生态旅游示范区。

1）沙漠休闲旅游项目。立足于生态资源，以广阔无垠的大漠风光为基底，以沙漠观光为总体定位，打造“沙漠空中飞行展演”“热气球观光体验”等项目，满足游客多元化的旅游需求，增强沙漠运动的趣味性。主要建设内容包括通用机场及附属设施、观景热气球及附属安全设施、轻型飞机及附属设施、无人机培训中心等。

2）半荒漠生态植物园。荒漠是独立的生态景观，虽然是自然条件最为恶劣的地理环境之一，但同时也是重要的生物多样性的宝库，具有很高的资源价值和开发利用价值。M县可以利用这一优势建立生态区、荒漠植物引种研究区、沙漠植物活体种植标本园、沙生草药圃、荒漠经济果木种质资源圃、荒漠野生观赏植物展示区等专类园（区）等，一方面用于普及脆弱生态区域生态保护知识；另一方面引入外部资源建设荒漠生态保护及恢复实验基地，打造国家级科普教育基地、中国青少年科技教育基地和国家 AAA 级沙漠生态旅游风景区，吸引游客来园参观。主要建设内容包括种植园、育苗棚、标本园、荒漠生态保护合作中心，其中需要注重与牧草种植相结合，选择合适的观赏植物，并注意季节分布。

8.2 智慧农业建设

8.2.1 发展现状

一是加快促进农业农村电商服务平台建设。M 县积极推进“全国电子商务进农村综合示范县”创建，设立电子商务管理服务中心，建成电子商务创业孵化园，实现乡村两级电子商务全覆盖。全县在阿里巴巴、淘宝等第三方电商平台开设店铺 820 个，葵花籽、羊肉、蜜瓜等 360 多种产品通过网上销售。引进苏宁易购、京东商城等 10 家电商平台设立体验店，培育本地电子商务企业 31 家。二是园区试点运用农业物联网新技术。建设现代农业示范园，按照“节水高效、科技集成、管理标准、科学可推”的理念，集“日光温室新技术试验示范、特色果品反季节设施栽培、大田节水试验示范、农产品展示与科技培训、农业观光游览”为一体，配套日光温室物联网管控平台，实时采集温室环境数据，做到远程管控，实现温室自动化、精准化管理；建设现代农业产业园，建成供港蔬菜基地，采用起垄式栽培，配套喷灌、远程监控、智能供水、土壤湿度检测等设施。三是积极推进农业农村信息网络服务力度。建成 12316 综合信息服务点 9 个，其中县级中心综合信息点 1 个，乡村“12316 综合信息服务点”8 个。通过电子显示屏、广播、手机等多种渠道为农民及时提供政策法规、实用生产技术、信息服务，同时各信息网络服务点将农户的困难困惑及时反馈给农业技术专家。四是农村信息通信基础设施建设不断加强。全县农村通信普及率、宽带网络覆盖率、村村通及户户通广播电视入户率均达100%，农村互联网普及率达90%。

8.2.2 发展短板

农业农村信息管理与服务体系建设较为滞后，农产品市场供求信息不畅通，导致产品优势没有完全凸显，农牧产品不能实现优质优价；信息服务体系不健全，村级信息化服务中心亟须投入建设。农业经营主体接受互联网等信息技术和电子商务知识还需一个过程，品牌意识、诚信意识、发展农产品和休闲农业电商的意识有待加强。此外，农业信息技术应用程度低。适合农业生产经营的多功能、低成本、易推广、见实效的信息技术和设备严重不足，集成示范应用能力弱，目前还未建设形成智慧农业示范基地和农业农村信息化示范基地，信息技术在政务管理、生产过程、经营活动等方面的应用刚起步。

8.2.3 市场分析

智慧农业是现代农业的重要实现形式，是农业增长方式转变的过程，是提升农业经营素质和效益的过程。我国自20世纪末以来，农业取得了突破性的进展，农业产业结构调整、农产品商业化运作等措施使我国农业综合生产能力显著提高，但目前我国农业发展的整体水平与发达国家还有明显差距，美国农业采取集约化、规模化和精准化模式，日本和韩国采取合作化、环保型、可溯源模式，以色列采取智能型、节约型、高效型模式，欧洲采取家庭农场、政府补贴模式。当前我国的智慧农业处于初步发展阶段，农业信息化缺乏顶层设计，信息化与现代化农业正趋于深度融合，生产正向智能化发展，经营模式还需转变，农业物联网应用还处于示范阶段。

我国高度重视现代农业的发展，先后出台了《“十三五”农业科技发展规划》《关于加快推进农业科技创新　持续增强农产品供给保障能力的若干意见》等政策文件，将发展精准农业与智慧农业列为重大科技任务。《“十三五”全国农业农村信息化发展规划》指出，物联网等技术有望在农业农村部确定的200多个国家级现代农业示范区获得农业部和财政部资金补贴，进行先行先试。按照规划要求，农业农村信息化总体水平将从35%提高到50%，基本完成农业农村信息化从起步阶段向快速推进阶段的过渡。具体指标包括：农业生产信息化整体水平翻两番，达到12%；农业经营信息化整体水平翻两番，达到24%；农业管理信息化整体水平达到60%；农业服务信息化整体水平达到50%以上；等等。

从前文分析来看，M县在智慧农业方面还处于起步发展期，亟须建设一批智慧农业展示园，促进当地优质产品走出去，实现价值最大化，节约农业劳动用工量并提高农民收入。

8.2.4 发展思路

以现代高效节水农业发展需求为导向，以完善信息服务体系为基础，以现代信息技术为支撑，以农业、农村信息化重大示范工程建设为抓手，按照“试点先行，展示示范；由点及面，覆盖全县”的思路，开展“互联网+”现代农业行动，围绕农业生产智能化、经营网络化、管理高效化、信息服务便捷化目标，推进信息化与农业现代化全面深度融合，充分发挥信息化在转变农业生产方式、促进农村经济发展、农业提质增效、农民增产增收中的助推作用。

8.2.5 发展重点

8.2.5.1 推进物联网技术应用

加快推进物联网、云计算、大数据、移动互联等新兴信息技术在M县农业生产尤其是特色优质有机瓜蔬生产领域的应用，建设引进农田管理地理信息系统、土壤墒情气象监控系统、病虫害监测预报防控系统、智能灌溉系统等，提高生产经营设施装备的数字化与智能化，实现对生长信息的实时感知、智能诊断、精确调控与智慧管理。

重点建设百亩以上的瓜菜生产信息化示范基地3个，建设利用物联网、3S、电信网络等现代信息技术，大力开展露地瓜菜、设施栽培物联网技术应用示范，开展信息实时感知、农情监测、精准施肥、智能灌溉、设施农业生产等信息化示范（见图 8-4 和图 8-5）。

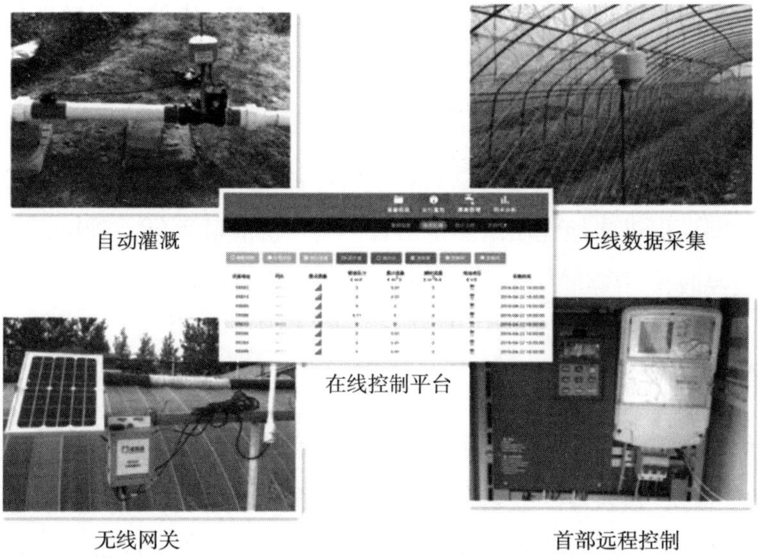

图 8-4　物联网控制系统指导设施西甜瓜生产

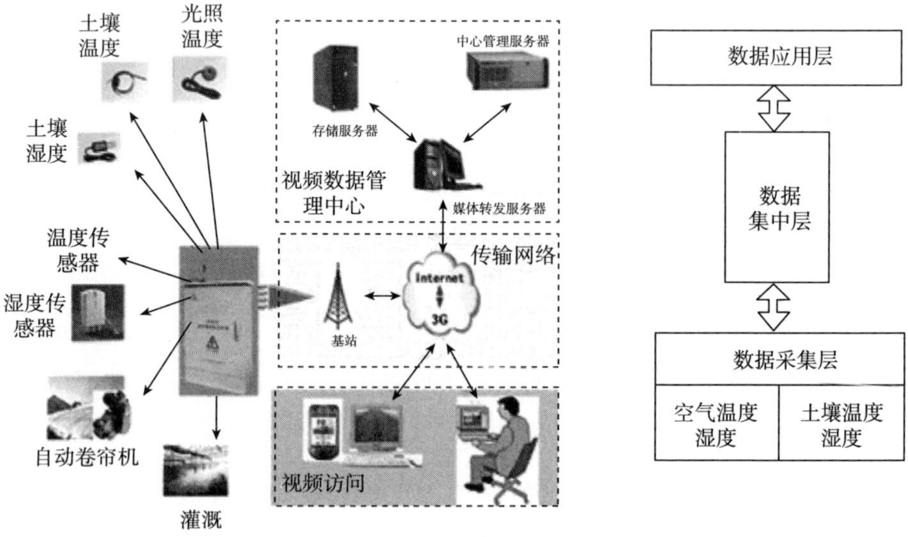

图 8-5　智慧农业系统架构

8.2.5.2　推进农业装备智能化

建设研发推广平台，推动传统设施装备的智能化改造。结合 M 县实际，注重提高大田、设施瓜菜种植、品种试验与种子生产、畜禽养殖设施装备的智能化水平，同时加强农业节水领域的智能化技术创新。如深耕深松、播种、施肥施药等作业机具配备传感器、采集器、控制器。水肥一体机、湿帘、风机、卷帘机、遮阳网、加热装置等配备自动化控制装备。设施化畜禽养殖的通风、除湿、饲喂等装备配备识别、计量、统计、分析及智能控制装备。采用精量控制灌溉技术，建立作物精量控制灌溉系统，研制与配备智能化灌溉信息采集装置、田间灌溉自动控制设备、智能化灌溉预报与决策支持软件等。

8.2.5.3　建设农业信息化服务平台

维护好农业“12316”综合信息服务点，办好当地农业农村信息化刊物，健全县、镇、村三级农业信息服务网络，将网络终端延伸至重点乡镇、龙头企业、合作组织和种养大户；大力开发适合农村需要的信息资源，综合利用互联网、短信等多种通信技术手段，丰富农村信息服务内容，健全服务网络。搭建服务于农业信息监测、农业政策推广、种养殖业信息化、农村土地流转信息、远程教育等的农业综合信息化平台，将互联网、电话网、无线通信网三网合一，提高现代农业服务水平。

8.2.5.4　建设农产品电子商务平台

以“互联网+”发展模式在全县搭建集销售、物流、管理为一体的三级农村电子商务综合平台，推进农特产品建设，创建农特产品网上产销对接直销模式，帮助企业、农户实现千家万户和千变万化市场的有效对接。利用与苏宁易购、京东商城、集群 E 家等电商企业对接契机，完善县电商公共服务中心、乡服务站和村服务点功能及配套设施，开展“合作组织农村电子商务专题培训”“农村电商物流专题培训”等一系列电商物流技能培训，提高电子商务增收致富的能力和素质。加快乡村宽带网络工作建设。协调中国电信、中国移动、中国联通等有关部门对乡村网络进行安装和调试，争取村村有网络、户户通网络，实现全县行政村宽带接入率达 100%。

第 9 章　循环：循环农业方案设计

9.1　循环农业现状分析

循环农业是把循环经济理念应用于农业系统，以“减量化、再利用、再循环”为原则，以提高资源利用效率为核心，在生产过程和生命周期中减少资源投入量和废弃物排放量，可以实现农业经济和生态环境效益的双赢。近年来，M 县逐步推进循环农业发展。

9.1.1　重视循环农业发展

为了有效防止农业生产活动中形成的面源污染随种植业和养殖业不断加重，M 县针对农业生产活动中的残留农膜、化肥农药废弃物以及畜禽粪便等污染物制定了农业面源污染综合防治实施方案，实施农田残膜污染监测点和农田面源污染监测工程，加强推进规模化养殖场畜禽粪污综合处理与循环利用工程；充分利用省级农业生态环境保护专项资金，深入宣传贯彻省级《废旧农膜回收利用条例》，扶持建设废旧农膜回收加工企业完善回收网络体系，因地制宜开展尾菜直接还田、田间堆沤等处理利用技术的推广，强化源头防控；推广种养有机结合、农牧循环发展、产业生态友好模式，争创全国性、省级生态循环农业示范县、示范园，打造一批生态循环农业技术示范基地。

9.1.2　发展模式多样化

在国家发展循环农业的大背景下，M 县也在因地制宜地积极探索循环农业的开展模式，强化生态环境保护。在畜禽废弃物的处理方面，小规模养殖户的畜禽粪便多用于高温堆肥还田，大规模养殖户除了堆肥还田，有剩余部分卖给有机肥加工企业，比如在循环农业示范园专门设立畜禽粪便加工厂，经过加工处理之后，把有机肥料卖给种植大田、设施作物的农户，在一定程度上减少了化肥的使用。在废旧农膜的处理方面，按照 5∶1 的比例以旧换新，政府扶持龙头企业，在每个村设立农膜回收点，形成了废旧农膜回收加工一条龙服务，已经构建了全覆盖的回收利用网络体系。部分农户把大田种植蔬菜的尾菜晒干后，用于牛羊养殖。在化肥、农药废弃物的处理上，农药玻璃瓶要求用完后打碎，塑料瓶回收，其中在一个旅游重镇的每个村都开展了废弃物固定回收试点，废弃物经过中转处理分为可利用废弃物、不可利用废弃物、有害废弃物等类别，根据分类送到正规垃圾处理厂处理。

9.1.3　探索田园综合体循环农业

近年来，M 县积极培育县域经济新增长点，逐步建成了休闲观光农业园、现代农业生态园、现代农业示范园、循环农业示范园 4 个现代农业园区，初步形成了田园综合体循环农业产业园。园区全面推广应用现代设施农业标准化生产技术，种养结合，大力实施农村新能源建设，积极构建“种植—养殖—加工—综合利用”循环型农业产业链，推广节水、节地、节肥、节药、节能、节种等节约型农业技术，提高资源利用效率，生产经营效益良好。

9.1.4　强化科技创新支撑

M 县建立并全面推行生态循环农业技术规程，提高农业标准化生产水平，充分发挥市、县、镇、村四级技术服务网络作用，大力推广测土配方施肥技术，指导农业生产经营者科学种植养殖，合理使用农业投入品，科学处置农业废弃物，建立健全农业生态环境监管和技术服务体系，重点加强县级农业生态环境保护工作机构建设，不断探索循环农业新模式，强化科技创新支撑，完善生态农业循环流程，追求生产高效和技术高效，达到促进农户增收、农业绿色发展的目的。

9.1.5 循环农业取得一定成效

M 县大力发展生态循环农业，坚持资源利用节约化、生产过程清洁化、产业链循环化、废物处理资源化，推进农业废弃物资源化利用，取得了一定成效。到 2017 年，建成废旧农膜回收企业 21 家、回收网点 120 个，回收废旧农膜 6360 吨、回收率 86%；建立高毒农药定点经营和实名购买制度，围绕回收、处理、奖补政策制定等环节，提升再利用水平，加强对废弃农药包装物实施无害化处理和资源化利用；大力发展农村清洁能源，建成大中型沼气工程 3 处、户用沼气 14798 户、“进棚入园”玻璃钢沼气池 375 座；积极治理蔬菜尾菜污染，大力开展田间试验、技术集成示范，不断完善尾菜综合利用技术，尾菜处理利用量达 16.17 万吨、利用率达 49%。

9.2 发展方向

9.2.1 推进全县循环农业的创新突破

结合生态文明建设要求，构建农牧结合、种养循环的发展体系，采用科学的灌溉方式，建立投入品减量化施用新型实用技术机制、农业废弃物资源化有效利用体系、第三方参与的社会化服务机制，积极争创国家级农业可持续发展试验示范区。

9.2.2　探索区域循环农业试验示范

推进循环农业示范建设，并选择畜禽养殖集中的镇实施现代循环农业试点建设，促进区域农业资源高效利用，实现畜禽粪污资源化利用的整区推进，逐步减少化肥农药施用量，抓好水肥一体化工作，控制农业用水量，提高水资源和肥料的利用率，提升清洁农业生产水平，发展有机果蔬产业。

9.2.3　总结循环农业典型模式

归纳总结一批投入品减量化施用、农业废弃物全量处理、面源污染有效治理、生态环境明显改善、示范带动性强的循环农业示范区、示范基地、示范技术等建设实施经验，凝练总结具有借鉴意义、可推广实践的循环农业典型模式。

9.2.4　创新循环农业发展机制

结合M县现实情况，逐步建立以规划为引导、市场运作、政府部门和第三方社会服务机构参与的循环农业发展运行机制。出台循环农业发展的政策支持或补贴，逐步创新第三方社会服务机构参与的治理机制。

9.3　发展短板

9.3.1　农业废弃物未得到有效处理

M县部分镇存在畜禽废弃物未充分利用，量少的农药废弃物直接丢弃，农户种植的向日葵秆、尾菜等未有效处理等问题。部分城市生活垃圾等外源性污染向农村扩散，农村垃圾和污水处理不足，不可避免地影响当地土壤肥力、水资源和空气质量，加大了当地环境承载压力，限制了绿色高效农业的可持续发展。目前，M 县各个镇对于农业废弃物的全面利用程度存在差别，区域统筹推进力度不够，环保措施缺乏系统设计与合力推进，单兵突进多、整体推进少，总体效果并不显著。尤其在一些种养大镇，各类种养业废弃物集中产生量大，迫切需要加强种养结合发展，实现循环农业高效利用。

9.3.2 废弃物利用缺乏长效运营机制

近年来，M 县在国家有关部门和当地政府的积极推动和支持下，种养业废弃物综合利用逐渐受到重视，采取了一系列措施，这些措施在短期内取得了一定成效。但由于缺乏长效运营机制，种养业废弃物综合利用过程中产品成本高、商品化水平低、农民参与积极性不高、利益链条不完整等问题依旧突出，长期来看，农业废弃物的处理方式仍需不断完善。

9.3.3 部门监管力度不足

循环农业在现行的政策法规中涉及较多，但是尚未形成完备且独立的法规体系，法律环境的不完善制约了农业循环经济的发展。在 M 县实施的相关政策中，废弃农药包装物押金制度、高毒农药定点经营和实名购买制度等没有得到很好的落实，缺乏政府的监管和有关部门的综合执法，加上扶持政策不足，导致循环农业在基层的发展受阻，没有得到基层农户的积极响应和高度重视。

9.3.4 专业优质人才匮乏

优质人才匮乏也是影响 M 县循环农业发展的重要原因之一。外来人才引不来、现有人才用不好、人才外流严重的现象在 M 县普遍存在，尤其是专门学习和长期从事农业经济管理的人才更加奇缺。同时，M 县针对农户相关农业知识、技能的普及和培训较少，容易导致农户对于新的农业技术接收迟缓。农户的文化素质是影响农业循环经济发展的重要因素，只有有文化、懂技术、会经营的新型农民，才能更好地把循环农业实践好，但是目前大部分农户尚不具备适宜的文化素养。

9.3.5　农户环保意识薄弱

M 县虽已有部分农户在生产行为中体现出了循环农业的减量化、再利用和再循环等特征，但是这些行为只是基于传统经验，农户对于循环农业的理解不深、了解甚少，循环农业概念目前只存在于宣传中。部分农户环保意识较弱，存在秸秆就地焚烧、粪便随意堆积、农药废弃物闲置等现象。个别生态农业示范园过分追求眼前的经济效益，而忽略生态效益的整体效果，废弃物循环利用认识不到位。这些观念和做法导致在以后的农业生产过程中，资源短缺、环境污染、生态破坏，进而成为制约农村和农业可持续发展的重要因素。

9.4　发展思路

以“创新、协调、绿色、开放、共享”为发展理念，服务全面建成小康社会的发展大局，围绕 M 县乡村振兴实现“生态宜居、治理有效”涉及循环农业发展的要求，以提高农业资源利用效率、实现农业农村生态环境可持续发展为目标，以节约化的资源利用、清洁化的生产过程、循环的产业链接、废弃物的资源化利用为手段，推进水肥一体化运用，大幅度地提高肥料利用率，结合科技创新驱动、龙头企业带动、示范试点推动、一二三产业融合联动，逐步转变 M 县农业发展方式，构建最优循环农业发展体系，完善生态循环农业产业体系和政策支撑体系，力争实现种养业内部小循环、镇域中循环及县域大循环发展，强化循环农业整体推进，助力 M 县乡村绿色振兴发展。

9.5 发展重点

循环农业重点是运用物质循环再生原理和物质多层次利用技术，实现较少废弃物的生产和提高资源利用效率的农业生产方式。循环农业主导技术主要有减量化技术、再利用技术、资源化技术、系统化技术，具体又有对应的相关技术（见图 9-1）。

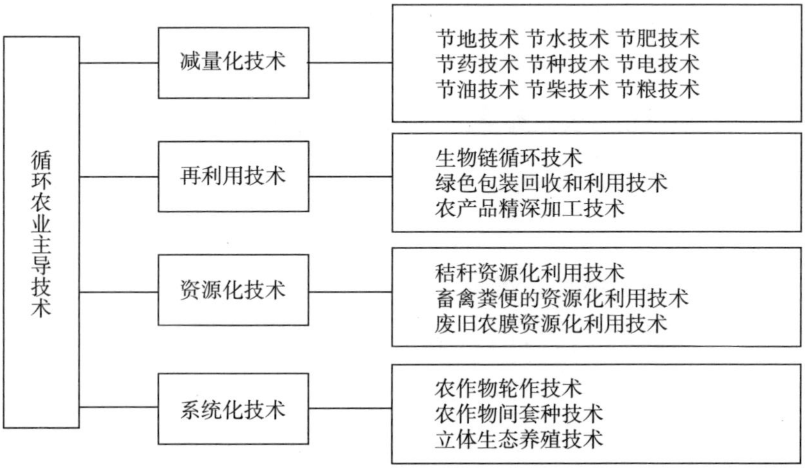

图 9-1 循环农业的主导技术

9.5.1 生产方案设计依据

9.5.1.1 总体设计

结合 M 县农业发展现实情况，从减量化技术、再利用技术、资源化技术、系统化技术四个方面进行设计。其中减量化技术涉及节肥技术、节药技术等，再利用技术涉及农药废弃包装物回收加工再利用，系统化技术包括农作物轮作技术、农作物间套种技术。生产方案设计最重要的是资源化技术，资源化技术里的秸秆资源化利用技术、畜禽废弃物的资源化利用技术、废旧农膜资源化利用技术都是目前M县发展循环农业的重中之重。

9.5.1.2　畜禽废弃物的资源化利用测算

畜禽废弃物排放量测算。M县循环农业方案重点首先需要结合畜禽废弃物排放量，设计与农业承载能力相匹配的农牧循环模式，实现区域循环发展。畜禽养殖废弃物排放量依据其平均养殖周期来确定。一般平均养殖周期小于1年的，以当年出栏量作为养殖数量，存栏量不考虑（存栏部分畜禽会计算在下一年的出栏量中），平均养殖周期大于1年的畜禽，一般当年出栏较少，故以存栏量作为养殖数量，养殖周期计为365天。生猪的平均养殖周期为150天，肉鸡的平均养殖周期为45天，肉牛的平均养殖周期为365天，肉羊的平均养殖周期为150天。

畜禽粪便排泄量估算公式如下：

$$Q_{ij}=N_{ij}C_iE_{i,j}=1,\ 2,\ \cdots,\ n \tag{9-1}$$

其中，Q_{ij} 表示在第 j 年畜禽 i 粪便排泄量，N_{ij} 表示在第 j 年畜禽 i 养殖数量，C_i 表示畜禽 i 养殖周期，E_i 表示畜禽 i 排泄系数，n 表示畜禽品种数量。

单个动物每天排出的粪便数量为畜禽粪便排泄系数，即单头日产粪便量。畜禽粪便日排泄量与品种、性别、生长期、饲料成分、管理方式、季节甚至气候等多种因素有关，但一般波动不会太大。生猪、肉鸡、肉牛和肉羊的排泄系数分别为0.0053吨/天、0.0001吨/天、0.002吨/天和0.0002吨/天。

根据上述公式测算2022年和2035年M县畜禽养殖粪便排放量如下。

到2022年，预计全县实现肉牛养殖存栏规模4万头，出栏肉牛2万头；肉羊养殖存栏规模120万只，出栏肉羊144万只；生猪出栏总量为14.191万头，肉鸡出栏总量为133.41万只。M县畜禽养殖基地建成达产后，预计产生畜禽粪便43.20万吨，畜禽规模化养殖比例为40%，规模化养殖场需要处理的畜禽粪便为17.28万吨，分散养殖户可采用高温堆肥等其他方式处理。M县作物播种面积为49.3万亩，产生秸秆为12万吨，因此可设计年产10万吨的有机肥加工基地，其他采用沼气等方式处理。

到2035年，预计全县实现肉牛养殖存栏规模5万头，出栏肉牛3万头；肉羊养殖存栏规模150万只，出栏肉羊195万只，生猪出栏总量为18.48万头，肉鸡出栏总量为139.14万只。M县畜禽养殖基地建成达产后，预计产生畜禽粪便58.50万吨，畜禽规模化养殖比例为50%，需要大规模处理的畜禽粪便为29.25万吨，分散养殖户可采用高温堆肥等其他方式处理。M县作物播种面积为49.8万亩，产生秸秆为12万吨，可结合周边区域收集秸秆，扩大第一期的有机肥生产基地，产能扩大到18万吨，其他采用沼气等方式处理。

农田畜禽粪便吸纳能力测算。一是小规模养殖户直接高温堆肥还田，用于自家种植需要；二是规模化养殖场户处理大规模的畜禽粪便作为有机肥，培育有机作物，或者在市场上销售有机肥，形成循环体系，使畜禽粪便达到高效利用。另外有小部分畜禽粪便用于沼气工程。

农田畜禽粪便承载量的计算方法如下：

$$L = a \times Q / S \quad (9-2)$$

其中，L表示年均单位面积农田畜禽粪便承载量（吨/公顷）；a表示进入农田的畜禽粪便量占畜禽粪便产生量的比例；Q表示畜禽年粪便产生量；S表示有效耕地面积（公顷）。在不考虑畜禽粪便收集、运输及处理过程中的损失且全部还田的情况下，固体粪便堆肥、污水氧化塘贮存或厌氧发酵后农田利用为主的，粪污收集处理过程中氮留存率推荐值62%、磷留存率72%。

目前国内尚无统一的单位面积耕地土壤的畜禽粪便还田量、氮和磷养分负载量标准。多数学者认为土地畜禽粪尿负荷量为30~45吨/公顷，高于此负荷量就会造成土壤富营养化，对环境产生影响。2002年国家环保局自然生态保护司制定的《全国规模化畜禽养殖业污染情况调查及防治对策》中耕地畜禽粪尿负载量为30吨/公顷。耕地畜禽粪便氮、磷养分限量研究基本都参照欧盟农业政策规定，粪肥年施氮量的限量标准为170吨/公顷，土壤粪便的年施磷量不能超过35吨/公顷。

到2022年，M县畜禽养殖基地建成达产后，预计产生畜禽粪便43.20万吨，分散养殖户可采用高温堆肥处理60%的畜禽粪便，M县耕地面积为49.3万亩，年农田畜禽粪便承载量为7.886吨/公顷，低于国家规定的畜禽粪尿负载量，处于安全消纳容量。到2035年，M县畜禽养殖基地建成达产后，预计产生畜禽粪便58.50万吨，畜禽规模化养殖比例为50%，M县耕地面积为49.8万亩，年农田畜禽粪便承载量为8.81吨/公顷，低于国家规定的畜禽粪尿负载量，处于安全消纳容量。

9.5.2 重点建设内容

9.5.2.1 推进有机肥、液态肥生产

根据M县肉牛、肉羊养殖规模，通过测算畜禽废弃物排放量，并结合M县大部分秸秆用作饲料，处理废弃物转化生产有机肥料，生产的有机肥用于县内农业种植、大棚蔬菜水果种植，生产有机农产品，实现循环农业发展。

年产10万吨有机肥发酵技术方案。有机肥的生产工艺主要是将含水量低于60%的有机固体废弃物与辅料（植物秸秆等）、微生物发酵菌剂等混合均匀，通过池式好氧连续发酵使其充分腐熟、灭菌、除臭、去水。腐熟后的物料水分含量一般在30%~35%，经筛选和磁选后可直接用于造粒生产圆球形有机肥，或者经过进一步干燥生产粉状有机肥。

主要设施设备包括发酵池、翻堆机和换池车等。每天将有机固体废弃物与植物秸秆等辅料及发酵菌剂按配方要求进行配比，经强制搅拌机充分混合后，用铲车均匀地送到每个发酵池前端（原始空池前端1/8或翻堆后腾出的池前端1/8），每天翻堆2次。发酵物料在池内堆积厚度为1.5~1.6米，靠高压风机强制通风和翻堆时物料与空气接触提供的氧气进行连续好氧发酵，使发酵物料快速腐熟、灭菌、除臭、去水、干燥，发酵周期为7~8天。

在纵向、横向行走机构的作用下，与池底成45度夹角的多齿板式结构输送机刮板将发酵物料连续渐进地抄起并沿池底输送至最高点后抛落，使其重新成堆并产生一定的位移。每天从发酵池尾端（一天的处理量，池长的1/8）将发酵好的物料运走，将发酵池前端腾出的空间（一天的处理量，池长的1/8）补充新的

发酵物料，从而形成一种连续的好氧发酵过程。发酵翻堆过程实现全自动智能化控制。

发酵后的物料堆成料堆储存的同时进行二次发酵，进一步腐熟并去除部分水分。堆制一段时间（根据生产任务及场地决定）后对其进行筛选、磁选去除其中的石块、杂物、磁性金属等，即可直接用于造粒生产圆球形颗粒有机肥，或经过进一步干燥生产粉状有机肥（见图 9-2）。

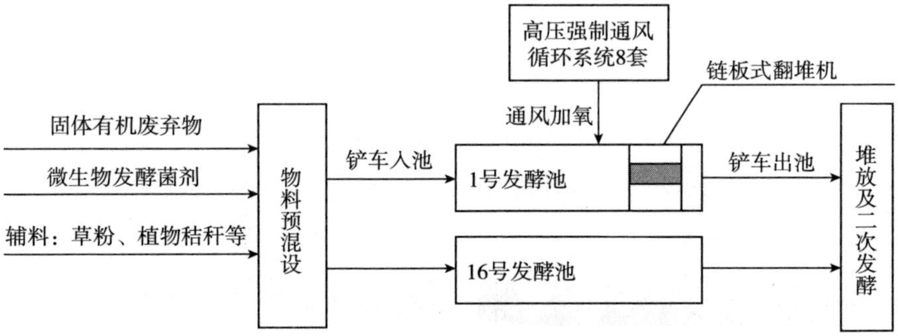

图 9-2　链板式有机肥好氧连续发酵工艺流程

年产 10 万吨有机肥（对撞）造粒技术方案。有机肥造粒的生产工艺，主要是将发酵腐熟的含水量约 30%～35%的有机废弃物经筛选、磁选后进行造粒、干燥制备圆颗粒有机肥料，添加功能菌可生产生物有机肥，添加氮、磷、钾（总养分含量低于 15%）可生产有机无机肥。

将发酵好的有机废弃物进行磁选筛分后，与黏结剂及须配伍的其他成分的原料按配比要求在配料混合系统中进行计量、配料、混合，经充分混合后的物料由圆盘喂料机均匀连续地喂入对撞造粒机中造粒，经抛光整形机抛园成球状颗粒，经烘干机进行低温大风量烘干（≤65℃）后进行冷却、筛分，成品颗粒由斗式提升机输送到成品料仓，经电脑定量包装系统计量、包装入库（见图 9-3 和图 9-4）。

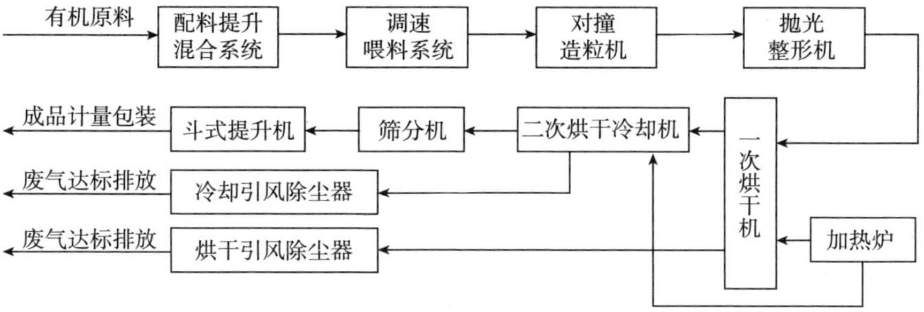

图 9-3　年产 10 万吨圆球形有机肥造粒工艺流程

图 9-4　年产 10 万吨圆球形有机肥造粒主要设备及产品

液态肥发酵技术方案。重点进行秸秆腐熟剂、环境技术、生物菌剂的研发。利用水、腐植酸钠、氯化钠、硫酸、镁等辅料在噪声的处理下进行液态肥灌，经过专门的灌装机处理，发酵过程产生的臭气经统一收集后进入屋顶生物滤池，臭气经处理达标后排放。引进国内先进建设内容，包括发酵车间、陈化车间、制肥车间、液态肥车间、仓库等，完善液态肥生产线（见图 9-5）。

9.5.2.2　推广沼气工程

根据 M 县中小规模养殖场分布，因地制宜地建设中小型沼气工程，生产的沼气用于农户家庭和养殖场清洁燃气，沼渣沼液用于农田、温室大棚果蔬种植使用，形成“种植—养殖—沼气—种植”的循环农业，生产特色有机农产品和果蔬产品。

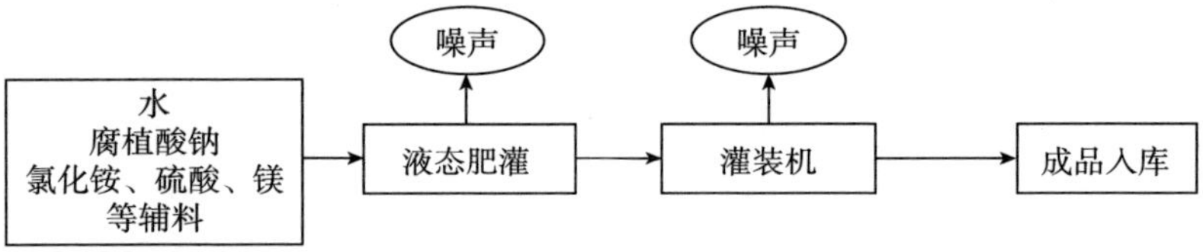

图 9-5　液态肥生产工艺示范

9.5.2.3　建设现代循环农业示范园区

结合 M 县现有农业园区发展基础，以种养结合、农牧循环为主导，优化园区种养结构，发展种养循环农业，逐步延伸农业产业链条，将农业生产、废弃物资源化利用、农产品加工、休闲观光采摘体验紧密结合，构建农业新型业态。借助“互联网+”、智慧农业等现代信息技术，完善循环农业生产线，通过大数据、云平台等技术，提高农业生产监测预警，构建智能化、数字化、现代化循环农业示范园区。

9.5.2.4　实施清洁化生产

依托新型经营主体和专业化服务组织，推进 M 县化肥、农药减量增效，开展集中连片整体实施，建设化肥减量增效试点区；推进高效、低毒、低残留农药品种的筛选试验推广；做好水肥一体化推广工作，以水肥一体化技术为核心，通过可控管道系统供水、供肥，根据作物需水、需肥规律随时供给，提高肥料的利用率，改善农产品品质，提高经济效益；开展农药废弃包装物、废弃农膜等废弃物收集处理；实施尾菜直接还田、尾菜田间简易堆肥等处理利用。

9.5.2.5　开展区域无垃圾示范村建设

结合 M 县实际情况，因地制宜，选择安全可靠、省地节能、经济适用的垃圾处理技术，对垃圾回收站进行升级和改造，合理配置垃圾分类收集袋、分类收集桶、分类运输车辆等，重点推进农业和畜牧业生产的废弃物有效利用，农民生活垃圾的有效利用等（见图9-6）。通过宣传、组织活动等方式，教育引导广大群众养成自觉保护环境、分类处理垃圾的行为习惯，正确认识秸秆还田、废弃物资源化利用的重要性。推行秸秆杂物打包行动，将村内所有农作物秸秆进行打包统一码放在秸秆堆放场。每个村至少建立1个高温发酵堆肥场，对村域畜禽粪便、农作物秸秆和尾菜等废弃物集中进行高温堆肥处理，由镇或企业负责统一腐熟成生物肥。每个村至少建立1个废旧收购场，村上安排专人负责收购、管理。

图9-6　区域无垃圾示范村建设

9.5.2.6　推动生态文明示范村建设

结合M县实际情况，构建生态文明建设评价体系，推进绿色问责，完善环境保护基础设施建设，实施生态绿村建设，加强农村环境保护，强化生态文明宣传，开展生态文明进村入户活动，因地制宜建设生态农业示范村，努力把农村建设成为产业生态高效、环境优美宜居、生活文明健康的美好家园。

9.5.3 主要循环模式

理论上，循环农业发展模式主要有三类：以生态农业模式的提升和整合为基础的局部循环模式、以农业废弃物资源的多级循环利用为目标的内循环模式、以循环农业园区为方向的整体循环模式。进一步可归纳为五类：复合生物系统循环模式、农田秸秆直接还田循环模式、农牧产业链循环生产模式、农业废弃物再生利用循环模式、农业企业循环经营模式。

结合 M 县现实发展情况，建议重点发展以下三种循环模式：

9.5.3.1 种植业内部小循环——“种植—加工—种植”循环体系

利用农作物秸秆及种植产品废弃物，如植物秸秆、果菜残叶（尾菜等）、残茎、残根等加工生产有机肥料，然后继续转入种植业系统的生产过程。具体包括秸秆粉碎翻压还田技术、尾菜田间简易堆肥技术（见图 9-7）。

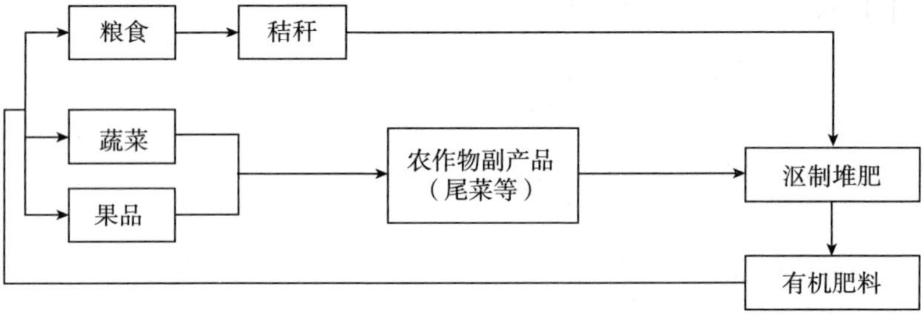

图 9-7 种植业循环利用模式

9.5.3.2 区域中循环——“种植—养殖—有机肥生产加工（沼气）—种植”循环体系

利用种植产生的秸秆、稻草秆等，结合养殖环节产生的畜禽粪便，通过高温堆肥、加工生产有机肥、生产沼气等处理方式，产生的有机肥用于设施蔬菜和水果种植及替代部分大田种植施用的化肥，产生的沼气用于居民生活用气体，沼液还田作为肥料，构建“种植—养殖—有机肥生产加工（沼气）—种植”循环产业链（见图 9-8）。

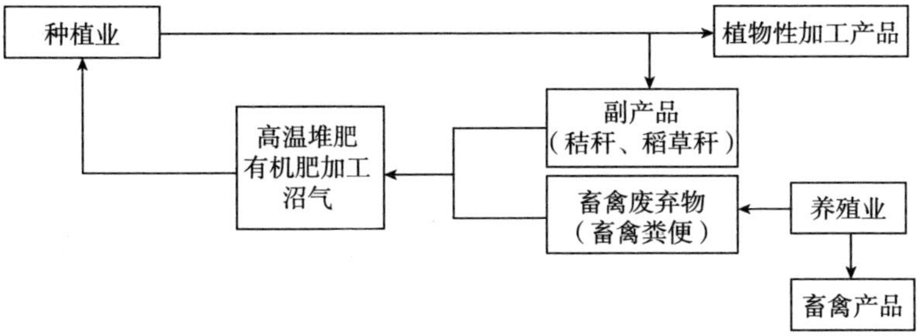

图 9-8　种养结合型循环模式

9.5.3.3　全域大循环——“循环产业融合”体系

M 县循环农业经济圈围绕种植业、养殖业、加工业、农村资源及微生物系统，按照“植物生产—动物转化—人居观光系统—微生物还原”的生态链原理，结合 M 县生态循环园区及全域种养循环，设计循环农业经济产业链（见图 9-9）。

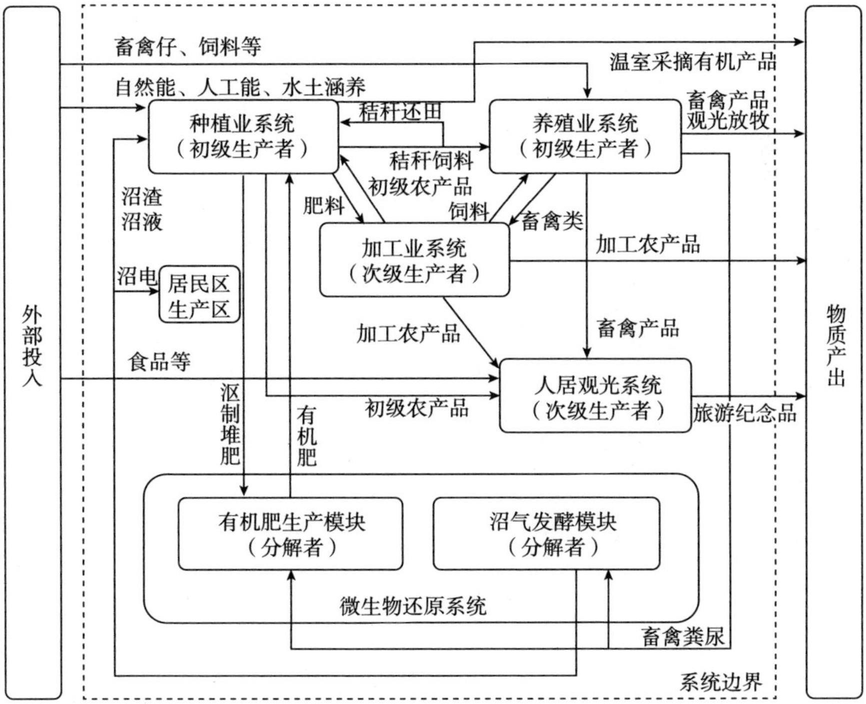

图 9-9　循环产业融合体系

第四篇　行动和政策保障篇

第 10 章　行动：支撑行动及建设路径

10.1　主导产业支撑计划

10.1.1　发展思路

坚持用市场经济理念谋划农业发展，持续以节水增收为核心，按照高产、优质、高效、生态、安全的要求，强化农业设施装备，转变农业经营方式、资源利用方式和管理方式，大力推进农业现代化，推动粮经饲统筹、农林牧结合、种养加一体、一二三产业融合发展，推动农业全产业链发展，走产出高效、产品安全、品种优良、资源节约、环境友好、生态循环的农业现代化道路。此外，坚持市场在资源配置中起决定性作用，加大资金和政策支持力度，建立农村集体资产、资金和资源运营管理新机制，形成加快推进农业现代化的强大合力。

10.1.2　建设路径

10.1.2.1　实施农业基础条件提升计划

加强农田基础设施建设，提高农业综合生产能力。结合农业结构调整，加快中低产田改造，实施高标准农田建设，形成高产稳产、高效节水、具有绿色生产能力的农田。积极争取中央、省对高标准农田建设、农业综合开发、土地整治、高效节水灌溉工程等重点项目资金投入。同时积极实施项目与科技转化的有效对接，立足重点区域，突出重点品种，加快推动标准化生产基地建设，着力提高农业综合生产能力。

加快推进节水农业措施建设。加大政策资金投入力度，加快农业节水设施建设、装备改良和技术推广步伐。推广渠道防渗、垄膜沟灌、低压管灌、改进地面灌溉等工程节水措施。推进深耕深松扩容改土、生物和地膜覆盖保墒技术，促进农艺节水，推进节水农业示范园区建设。加强灌区用水信息管理，稳步实施农业水价改革，实现科学管水，促进管理节水。通过采取工程节水、农艺节水和管理节水措施推广高效节水农业技术，显著提高灌溉水利用率，控制农业用水总量，建立与水资源承载能力相适应的高效节水农业体系，逐步实现农业水利现代化。

着力提高现代农业装备水平。抓好农业机械化推进工程，全面提高农业机械化水平，制定科学合理的机械作业规范，促进农机农艺融合。推进小麦、玉米等主要农作物全程机械化；做好瓜菜、林果、牧草等经济作物专用机具研制、推广及智能化管控；挖掘农业机械化节种、节水、节能潜力，促进农业可持续发展。同时搞好先进农机新技术、新机具的试验示范和推广引导工作，加强农机手培训。

10.1.2.2 实施全产业链开发，提升农业产业化经营能力

实施全产业链开发，把农业标准和农产品质量标准全面引入农业生产、加工、流通全过程，有效延长农业产业链，增加农业附加值。加大政策倾斜，以产业链延伸和集群化发展为重点，培育或引进有实力、善经营的农业龙头企业，逐步发展一批技术进步快、经济效益好、产业关联度强的骨干企业，形成支撑带动作用。同时完善龙头企业与农户利益联结机制，把分散经营的农户联合起来，把农业生产、加工、销售环节联结起来，有效提升农业产业化经营能力。

10.1.2.3　推进农村产权制度改革创新

一方面，逐步建立规范高效的农村综合产权交易体系，积极推动农村土地向规模经营主体流转，鼓励承包农户采取转包、出租、互换、转让及入股等方式流转承包土地，实现土地向具有比较优势的农业园区、种养基地等重点区域合理聚集。探索组建土地合作社或“土地银行”，加强土地流转管理服务，逐步建立县乡村三级农村土地承包经营权流转服务中心，加强农村土地承包经营纠纷调解仲裁体系建设。此外，针对农业分散性生产的用水低效性问题，在国家政策框架下，引导 M 县农业生产逐步向“公司+基地+农户”生产经营模式转变，实施专业化生产、一体化经营、社会化服务、企业化管理，形成以市场牵龙头、龙头带基地、基地连农户，集种养加、产供销、内外贸、农科教为一体的经济管理体制和运行机制。

另一方面，推进农村集体经济组织清产核资，激活“资源要素”。做好农村经济责任审计工作，加强农村三资管理系统培训，建立健全集体资产登记、保管、使用、处置等制度，实行台账管理。同时在全县探索农村“三变”改革的基础上，稳步扩大试点，在具备一定条件的乡镇实施农村社区股份制改革试点，探索成立农村社区股份经济合作社，建立“归属清晰、权能完整、流转顺畅、保护严格”的现代农村集体经济产权制度，形成推进农业现代化的强大合力。

10.1.2.4　建立稳定的农业支持政策

紧抓国家实施乡村振兴战略的契机，利用好国家产业发展政策，积极组织项目申报，争取中央部门项目支持，特别是要积极做好国家发展改革委、财政部、科技部、农业农村部、商务部等有关部委农业扶持项目申报组织工作，争取更多的资金投入农业发展。加大现代农业投入，保持县财政每年对农业总投入增长幅度应高于其财政经常性收入的增长幅度。广泛吸引社会投资，形成国家投入、地方配套、社会参与等多元化的投融资机制，充分利用各类财政贴息贷款政策，鼓励企业申请银行信贷资金，拓宽 M 县农业项目融资渠道。

10.2 科技支撑与信息化建设

10.2.1 发展思路

一方面，结合M县产业发展的科技需求，以技术创新和科技服务组织创新为动力，加强产前、产中、产后全程技术服务。搭建农业科技创新与合作平台，开展院校合作，整合科研技术力量，加强高效节水技术与节水灌溉设备、日光温室、大田作物新品种、绿色有机技术等重大技术研发攻关，加强新品种引进、推广与示范。推动形成完善的县、乡镇和村三级农业技术推广服务网络，提高实用先进技术覆盖率和农业科技进步贡献率。

另一方面，围绕农业生产智能化、经营网络化、管理高效化、信息服务便捷化目标，推进信息化与农业现代化全面深度融合。整合现有涉农信息服务方式、服务内容和服务渠道，促进农业信息资源共享，建设覆盖县、乡镇和村的三级农业信息服务网络，鼓励绿色瓜菜、特色林果、特色畜牧产品及旅游产品的网上平台销售，培育农产品电商群体。

10.2.2 建设路径

10.2.2.1 农业科技支撑体系建设

加强院地合作，提升农业科技创新能力。积极推进与省内大学、省农科院、中国农业科学院等科研院所的合作，以市农业科学研究院、畜牧兽医科学研究院等为依托，建立农业专家工作站及其配套科研设施，借助外部丰富的科技人才资源，增强农业生产的科技含量和先进技术应用水平。在设施瓜菜生产中加强推广基质无土栽培、标准化生产、精准智能管控、病虫害绿色防控等技术；畜牧生产加快良种引进、内繁扩群、杂交改良、动物疫病检测诊断、秸秆加工利用等技术推广应用；特色林果业加强推广林果栽培、水肥管理、病虫害防治、果品贮藏加工等技术，实施现代农业示范工程，加快科研向产业聚集、技术向产品聚焦，推动科技成果转化与运用。

建设引种试验示范基地。围绕全县农业产业结构调整，加快新品种、新技术引进试验示范。以耐旱节水作物新品种引进、培育为出发点，尤其以节水、抗旱、优质、丰产为特点的大田作物新品种选育为重点，同时引进配套栽培管理技术，开展新品种试验示范工作。实施良种与良法配套推广，将种植技术与测土配方施肥、耐旱节水作物新品种选育、病虫害防控技术有机结合，以点带面，为M县农业产业发展提供品种、技术储备和试验、展示基地；创新农业科技推广模式，培养一批具有种业知识、敏于种业信息、善于农业推广的应用型农业科技推广人员队伍，为农业新品种、新技术试验示范提供保证。通过开展研发攻关、成果推介、示范推广等多种方式，促进耐旱节水新品种的创新与利用、促进农业产业结构调整，进而带动生态循环农业、科技农业等农业产业的发展。

建设干旱半干旱地区高效节水装备硅谷。为缓解农业产业发展带来的水环境压力，同时促进农业产业的发展，必须加强农业节水领域的技术创新，实施重点突破。建成以M县为基础，以西北地区为重点，面向全国及丝绸之路经济带沿线国家的高效节水灌溉装备研发、工程技术示范与合作交流基地。在技术创新内容方面：一是精量控制灌溉技术，建立作物精量控制灌溉系统、研制智能化灌溉信息采集装置、田间灌溉自动控制设备、智能化灌溉预报与决策支持软件。二是田间节水灌溉技术设备及新产品。三是新型节水专用材料与生化制剂，如研究开发田间生物材料成膜技术与设备，研制新型长效保水剂与节水抗旱种衣剂等。四是农艺节水技术及新产品研发。五是现代灌溉系统水量监控与调配技术及新产品。最终形成农业节水技术综合集成模式，在农业节水技术进行组装配套与有机集成的基础上，建立西北旱作农业节水技术示范园区及现代农业综合节水技术与设备展示基地。最终示范园区和展示基地的建设将不仅为同类地区的农业节水高新技术发展提供样板和典型经验，还将成为技术成果伞形辐射推广中心，通过建立产业化基地，扶持和培育农业节水高科技企业，将农业节水关键平台技术成果和新产品在产业化基地和企业内完成产业化，建立具有资源优势和市场竞争力的农业节水产业，促进产业升级，带动 M 县民生发展。

推进节水农业综合示范基地建设。依托县农业农村局技术推广中心，建立与农机农艺科研单位协作攻关机制，建立节水农业试验示范基地，针对引进的耐旱节水作物系列产品和特色有机果蔬，运用自主开发的农业节水高新技术和节水装备，发展低压管道灌溉，推广喷灌、渗灌等现代高效节水工程技术措施，配套建设渠道硬化、田间节水设施等；采取深耕深松、增施有机肥等改土培肥耕作技术，推广水肥一体化技术，精确地控制灌水量和施肥量，提高肥料和水资源利用效率。按照“基地+合作社+农户”的产业化经营模式，发展生态高效节水农业，探索推广新型集约化高效种植模式，并为全县农户和农业园区提供技术指导。

实施节水农业科技人才培养计划。对接市级人才引进和补助基金，选拔培养主导产业农业科研带头人、专业技术骨干及农民技术指导员。继续加强基层农技服务机构建设，改善推广条件，提高人员素质，鼓励大中专及高校涉农专业毕业生充实基层农技推广队伍，全面提升公共服务能力。

10.2.2.2　农业信息化服务体系建设

农业信息化服务平台建设。维护好农业“12316”综合信息服务点，办好农村信息资讯类相关刊物，健全县、镇、村三级农业信息服务网络，将网络终端延伸至重点乡镇、龙头企业、合作组织和种养大户；大力开发农村需要的信息资源，综合利用互联网、短信等多种通信技术手段，丰富农村信息服务内容，健全服务网络。搭建服务于农业信息监测、农业政策推广、种养殖业信息化、农村土地流转信息等农业综合信息化平台，将互联网、电话网、无线通信网三网合一，提高现代农业服务水平。

农产品电子商务平台建设。推进农特产品电子商务综合平台建设，创建农特产品网上产销对接直销模式，实现千家万户和千变万化市场的有效对接。利用与苏宁易购、京东商城、集群 E 家等电商企业对接契机，完善县电商公共服务中心、乡服务站和村服务点功能及配套设施，开展“农村电商物流专题培训”等一系列电商物流技能培训，提高电子商务增收致富的能力和素质。加快乡村宽带网络工作建设，协调电信、移动、联通等有关部门对乡村网络进行安装和调试，争取村村有网络、户户通网络，实现全县行政村宽带接入全覆盖。

物联网智能农业信息应用建设。加快推进物联网、云计算、大数据、移动互联等新兴信息技术在M县农业生产尤其是特色果蔬生产领域的应用，建设引进农田管理地理信息系统、土壤墒情气象监控系统、病虫害监测预报防控系统、智能灌溉系统等，提高生产经营设施装备的数字化与智能化水平，做到远程管控、智能诊断、精确调控、智慧管理。

10.3　新型职业农民扶持与百企千社培育计划

10.3.1　发展思路

围绕有机瓜菜（西甜瓜、人参果等）、草牧业、特色林果（红枣、酿造葡萄、枸杞）等主导产业发展，不断扩充职业农民培训内容，提高现代农业生产从业人员的能力素质。按照积极发展、逐步规范、强化扶持、提升素质的要求，大力发展家庭农场、农民合作社，培育一批实力强、成长性好、竞争优势明显、示范带动能力突出的明星龙头企业、合作社、家庭农场。

10.3.2　建设路径

10.3.2.1　农村能人扶持和农村实用人才培训计划

推进对农民专业合作社、种养能人、农民经纪人、农产品生产或营销大户的经营管理培训，加强对种养能手、农民信息员、职业农民和涉农企业从业人员的专业技术培训。争取国家生产经营型农民培育工程项目，开展农产品质量安全、市场营销、种养技能、专业合作社管理与运营、品牌打造等内容的培训。推进农民从身份型向职业型、经验型向知识型、单干型向组织型转变。建立人才引进机制，特别是充分利用好中央和地方各部门出台的创新创业优惠政策，突出重点双创群体，精准支持。鼓励农林水技术人员、农村能人、大学生村官、高校毕业生、返乡创业农民等领头创办农民专业合作社、创办农业社会化服务企业，培育农业发展新引擎，提高农业规模化、组织化、社会化、品牌化水平。

10.3.2.2 百企千社培育计划

加强经营创新。引导承包土地向家庭农场流转，加强政策引导、示范引领、完善服务，探索建立家庭农场管理制度。鼓励创办各类经营性服务组织，拓展经营服务领域。支持包括农机、土地合作、资金互助等服务形式的专业合作社，将有限责任公司或股份有限公司经营体制引进合作社，推进股份制合作社建设。通过相关体制改革和制度创新，探索建立集生产合作、供销合作、信用合作于一体和多层次的农民合作社联合社。

加强规范化管理。健全合作社规章制度，完善合作社运行机制，充分发挥社员代表大会、理事会、监事会的作用。深入推进示范社、示范农场创建行动，由注重数量向数量与质量并重转变，积极开展示范社、示范家庭农场考核评定，积极创建国家级和省级农民合作社示范社。实行示范社、示范农场动态监测和年度报告公示制度，引领带动家庭农场、农民合作社规范发展。

加快完善利益联结机制。大力支持各类市场主体创建示范园、示范社，建设标准化生产基地，示范带动农户发展适度规模经营。将产业链、利益链等现代产业组织方式引入农业产业，大力推广“订单农业”，建立“龙头企业+合作社+农户”“龙头企业+家庭农场”等模式，积极探索股份合作、多方合作等更加紧密的利益联结方式，使农户与新型经营主体形成利益共同体，推动产业链各方协同发展。

加大资金项目倾斜力度、创新金融支持。扩大对规范化家庭农场、合作社的扶持资金规模，支持符合条件的农民专业合作社优先承担涉农项目。新增农业补贴向家庭农场、农民合作社倾斜，对获得省市著名商标、“三品一标”认证的合作社给予分类奖励。此外，创新金融支持，调整优化涉农信贷结构，为农产品生产、加工、流通和仓储等环节提供多元金融服务。争取将规范化农民合作社列入农业担保体系支持范围，创新“信贷+保险”、供应链金融等多种服务模式。

10.4　农业生产社会化服务创新

10.4.1　发展思路

以完善服务内容、提高服务能力为重点，逐步建成以政府公共服务机构为主导，农民合作经济组织为主体，农业产业化龙头企业和其他社会力量为补充，公益性服务和经营性服务相结合，专项服务和综合服务相协调，提供产前、产中、产后全程配套服务的农业生产社会化服务体系。

10.4.2　建设路径

10.4.2.1　推动政府购买农业公益性服务

按照多元主体、形式多样、竞争充分的原则，大力培育专业服务公司、农民合作社（联合社）、专业服务队、动物诊疗机构等农业经营性服务组织，开展瓜菜育苗、病虫害统防统治、农机作业及维修服务、尾菜利用与秸秆回收、农产品营销等业务。

10.4.2.2　加快农业生产服务规范化建设

加快建立由生态环境保护、农业科技创新、良种繁育、农产品质量安全、动植物防疫、检疫检验、现代农业机械化推广示范、信息搜集与发布等一系列农业服务标准构成的农业服务标准化体系。指导服务型合作组织完善经营管理制度，理顺内部权属、利益联结和收益分配关系，着力建成运行规范、高效快捷、服务专业的市场主体。

10.4.2.3　创新服务方式，探索推广农业生产托管

针对全县农村劳动力流失、留守人口老龄化、土地抛荒严重的实际，在尊重

农户独立经营主体地位前提下，探索农业生产托管，根据实际确定重点支持的托管环节和服务内容，推广“土地托管”“代耕代种”“联耕联种”等农业生产托管形式，把发展农业生产托管作为推进农业生产性服务业、带动普通农户发展适度规模经营的主推服务方式，加强规范与引导。积极承接、申报中央财政托管服务试点项目，对开展托管服务的合作社、农业企业等实施主体按占服务价格的一定比例进行重点支持，切实推动农业生产托管服务的落地见效，为农业产业发展提供支撑。

10.4.2.4 拓展农业社会化服务范围

新型农业服务机构开展的生产经营逐步向种植、养殖、加工一体化生产发展，服务范围逐步向农资供应、技术指导、储藏销售等产前、产中、产后服务延伸。推广“统一提供种苗、统一生产资料采购和供应、统一生产质量安全标准和技术培训服务、统一品牌、包装和销售”的管理模式，并积极开展科技培训，与龙头企业形成稳定的合作关系，降低经营、交易成本，形成供、产、销“一条龙”。

10.5 特色品牌创建与市场推广计划

10.5.1 发展思路

夯实品牌建设基础，制定品牌建设规划，按照“培育塑造、营销推介、监管保护”的发展路径，开展农产品质量认证，培育名牌农产品，打造农产品进入市场的“身份证”和“通行证”。加快开展产地认证、绿色有机农产品认证等，扩大M县羊肉、蜜瓜、红枣等国家农产品地理标志保护产品的影响力，提升其在省内外市场上的占有率。以名、优、特、新和外向型农产品为突破口，帮助企业和合作社树立品牌意识，以产业化为动力，尽快形成一批在国内外市场具有较强竞争力的名牌农产品。同时稳步推进农产品市场体系建设和懂营销会管理的外向型农业科技与企业人才队伍培育，形成完善的农产品现代流通体系和一支数量充足、结构合理、素质优良的外向型农业后备人才队伍。

10.5.2　建设路径

10.5.2.1　培育县域农产品品牌，打造母子品牌矩阵

创建培育农产品区域公用品牌。加强名优特色品牌塑造培育，充分利用M县自然生态环境优势，打造有机瓜菜、特色林果、沙生中药材、畜牧生产基地，开展新机械、新技术引进和推广，对农民进行技术培训。同时按照“一个产业一个主导品牌”的思路，引导企业申报国家级、省级龙头企业、驰名著名商标、有机食品认证，推进“三品一标”认证基地集群化发展，以“大漠有机产品”为核心，挖掘商标潜力，将M县特色与文化内涵融入其中，引导消费者形成地理标志品牌市场联想，推动市场对地理标志品牌的认知与认可，实现从“做产品”向“做品牌”转变，推动“产品—品牌—产业”的发展升级，打好县域牌。

推动塑造企业品牌。结合M县优势产业发展现状，开展强强联合、品牌资源共享，大力推进有机瓜菜、特色林果、羊肉等的品牌整合，积极培育高端、优质、安全的农产品加工制品，做大、做响企业品牌；发挥品牌聚集效应，助力县城工业园区内联外引，做强、做实，推出主导农产品，打造园区标志性农产品品牌；发挥品牌辐射带动作用，采用订单农业、推行“公司+基地+农户”等模式，建设规模化名、优、特农产品基地，创建打造一批科技含量高、市场竞争力强、社会影响力大的知名企业品牌及合作社品牌。

大力推进农产品品牌化。引导新型农业经营主体强化品牌意识，走品牌化经营道路，以品牌引领发展，实行品牌化生产、品牌化营销，积极开展“三品”认证，进行商标注册，加快有机瓜菜、特色林果、沙生中药材等的市场定位，塑造品牌标志、品牌名称等品牌形象，以调整和优化农业产业结构为目标，积极推动“一镇多标”“一社一标”建设，培育自身品牌，依托品牌闯市场，着力打造一批竞争力强、特色突出的农产品品牌。

10.5.2.2　打造河西走廊绿色高端农产品国际交易中心

立足M县得天独厚的自然条件，围绕当地瓜菜、枸杞、茴香等特色产业，

大力发展戈壁生态农业，全力提高销售档次和经济效益。通过产业引导策略促进产业升级提档，重点发展绿色农产品的流通集散业务；通过差异化竞争策略吸引农户、生产基地、专业合作社及周边市县基地入场；通过与全国大中型城市以及中亚、西亚、东欧等区域各大同业市场的合作战略拓展平台空间；通过品牌推广，形成河西走廊绿色高端农产品交易中心名片。逐步形成以有机瓜菜为主导产品，品类齐全、功能综合、业态先进的区域性绿色农产品集散中心、质量安全控制中心、信息服务中心、展示展销中心和新型业态模板，打造“西部领先，国内一流，世界知名”的绿色农产品物流园，为M县乃至河西地区产业结构调整升级、产业聚集发展奠定基础。

10.5.2.3 打造国际交流人才培训中心

将外向型农业科技人才、企业人才培养摆在重要位置，加大投入力度，在所属地级市打造丝绸之路黄金节点的战略背景下，为绿色农产品国际交易中心业务化运行及外向型农业的发展提供人力支撑。一是外贸人员的培训，相对来说目前基层需要量还不大。但从前景看，需求会逐步增多。针对这类人员，加强相关农产品的对外出口业务、初级外经贸及外语培训。二是为不断提高名、优、特出口有机农产品的质量和品质，进一步加强对农产品质量检测人员和生产技术性人员的培训。三是明确需求，组织农业科技交流，与国外农艺研究机构、人才交流协会以培训研讨、举办培训项目等方式开展长期或短期的合作，并外派专业人员出国参加专业培训。

10.5.2.4 加强宣传推介与市场流通体系建设

整合资源，搭建农业品牌宣传推介平台，以特色林果、西甜瓜、羊肉、蔬菜等产品的区域公共品牌为重点宣传推介。改造升级农产品产地市场，开展电子商务示范，发展电子商务与实体流通相结合的物流体系。组织参加与品牌相关的国内外大型农业展览展示活动，如农产品交易会、博览会等产销对接活动。此外，加强城镇商品市场体系建设，完善农产品商贸流通服务网络。一是加强乡镇农贸市场基础设施建设，解决农产品买卖难的问题；二是稳步推进万村千乡市场工程建设，安排资金建设配送中心和乡镇商贸中心；三是开展农产品流通骨干网络的试点建设。

10.5.2.5　强化农产品品牌建设政策扶持

加大财政扶持推动力度。统筹安排农产品品牌建设奖扶资金，扶持带动性强、市场认同度高、竞争性强的区域公用品牌（地理标志品牌）、著名企业品牌创建，重点支持优势品牌塑造和品牌形象传播策划、质量标准体系构建、品牌保护、经营模式创新，支持公共研发和服务、信息及市场营销等平台建设，支持人才培训引进、品牌创立奖励等。优化财政涉农资金整合投入投向，把支持品牌农产品产业、行业发展纳入重点范围之一。加大品牌农业企业争资立项工作力度，在产学研结合专项资金、农业产业化专项资金、中小企业发展资金、县域经济发展资金等专项资金中积极争取上级对 M 县农产品品牌建设工作的支持。

建立农产品品牌奖励机制。支持农业品牌创建工作，参照工业品牌创建奖励补助办法，统一奖补办法和标准，对获得全国、全省知名品牌称号的，给予一次性奖励，并在项目建设上给予重点倾斜。

创新金融支持农产品品牌建设机制。开拓融资渠道，加快金融改革与创新。推动品牌农产品生产经营主体与金融机构对接，探索品牌企业与金融机构进行融资、融商、融智等方面的合作，探索品牌企业以自身品牌信用、商标权、专利权等作为质押贷款，助推农业企业品牌做大、做强、做响。

10.6　农产品质量安全体系建设

10.6.1　发展思路

以提高 M 县农产品质量安全水平和竞争力为核心，以果蔬产品质量监测监管为突破口，加快完善农产品质量安全检验检测体系建设；打造农产品质量安全监管员队伍，以标准化农业生产基地、畜禽养殖标准示范场为重点，强化农产品质量安全监管；建立健全农产品质量安全风险监测、产地准出、市场准入、质量追溯等监管制度；强化农产品质量安全监督执法工作，为全县农产品质量安全生产保驾护航。

10.6.2 建设路径

10.6.2.1 推进标准化生产体系建设

加快修订《畜牧产品标准生产技术》《蔬菜标准生产技术》《林果栽培标准生产技术》等生产标准和产品等级标准，完善农业标准体系。积极鼓励和扶持日光温室、大田作物、林果产品标准化生产及标准化规模养殖场建设。以蜜瓜、蔬菜、酿造葡萄和肉羊养殖为重点，大力推进标准化生产。对建设有机蔬菜基地及标准化规模养殖场的基础设施建设给予大力支持，突出基地引导示范作用。

10.6.2.2 建立农产品质量认证及检验检测体系

大力推进“三品一标”认证，全面开展对无公害农产品、绿色食品、有机农产品、名牌农产品以及地理标志农产品的认证工作，实现原产地保护。完善县、镇、村三级农产品质量安全行政监管体系和职能明确的农产品质量安全检验检测体系，全面加强农产品质量安全日常检验检测、例行监测、监督抽查工作以及“三品一标”认证后的监管工作；加强全县检测人员和执法人员队伍建设，不断提高农产品质量检验检测能力。

10.6.2.3 逐步完善农产品质量安全可追溯体系

结合M县省级农产品质量安全示范县创建工作，完善农产品质量安全追溯管理系统，建立健全产品追溯系统责任制。建立终端农产品质量安全可溯源信息点，利用现代信息和网络技术搭建完善的信息交换平台，加强农产品生产、加工、配送、销售、库存、检疫、认证等各个环节的信息记录、管理和共享，实现对农业投入品、生产环节、产出品全程质量可追溯。

10.6.2.4 加强动植物疫病防控体系建设

强化病害综合防治技术实施，全面推行生物、物理绿色综合防控技术；完善县、镇两级动物疫病预防控制中心和乡镇兽医站、村级冷链设施，建设动物卫生监督管理平台，建立县级专业无害化处理场，并配套建设病死畜禽无害化收集处理体系。

10.7 新兴产业培育计划

10.7.1 发展思路

拓展新模式、新业态，提升生产效率和增值空间，重点发展特色旅游，通过实施休闲农业打造工程，建设一批特色鲜明、主题突出的休闲观光农业项目，促进休闲农业健康快速发展，使其成为M县农村经济新的增长点。深入推进“互联网+农业”，促进一二三产业融合，提升农业的休闲价值和文化价值。推动农业新兴产业综合实力显著增强，创新能力大幅提高，产业体系逐步完善，产业贡献作用明显提升。

10.7.2 建设路径

10.7.2.1 大力发展特色旅游，推进农文旅融合发展

充分发挥区域资源优势，深入挖掘文化内涵，围绕国家湿地公园、万亩胡杨景观生态林、水库、湖泊等特色生态景观，打造“生态治理示范”旅游线路；依托沙井文化、苏武文化等特色文化资源，打造“历史文化展示”旅游线路。依托葡萄酒庄集聚区、现代农业示范园等，围绕M县蜜瓜、肉羊、枸杞、红枣、中药材等农副产品，开展农艺示范，拓展农业的休闲、体验、观光、采摘等多种功能。开发沙绣等传统手工艺品、创意农产品等农业特色旅游商品，推出“盆盆鱼”、特色烤全羊、沙乡三宝等特色美食，实现以农促游、以游带农，协同发展，做响“生态县域·大漠之旅”特色旅游品牌影响力。

10.7.2.2 实施“互联网+”现代农业行动计划

推广移动互联网互动服务平台在现代农业领域的应用。利用大数据、物联

网、云计算、移动互联网等新一代信息技术，实现农业发展科技化、智能化、信息化。紧抓G省启动农业大数据建设机遇，整合农业信息资源，创新乡村农业信息服务站点建设模式，打造涵盖农业生产导向、产业发展分析、市场监测预警、质量安全追溯等全方位、全程化信息服务网络，推动农业供给侧与需求侧精准对接。积极发展电子商务、农商直供等新业态，引导农产品生产、加工与休闲、旅游、文化等产业深度融合。

10.8 发展重点

以基础设施改造升级、节水设施农业推广示范、良种繁育与品种改良、现代农牧基地建设、农产品精深加工、新业态培育、科技支撑与信息化建设、质量兴农与品牌创建、生态循环与绿色发展、“双创”孵化与主体培育十大支撑领域为重点，助力M县农业产业高质量发展。

第11章　保障：政策体系与保障措施

11.1　农业政策创新

11.1.1　构建三产融合体系

11.1.1.1　加强规划示范引领

制定M县基于农业产业高质量发展的一二三产业融合发展规划，开展机制研究，统一思想、提高认识，明确原则方向、目标任务及具体措施。开展一二三产业融合发展推进机制与政策试验，积极申报国家及省、市农村一二三产业融合试点，为构建一二三产业融合推进机制探索经验。同时，加强宣传推广，发挥由点到面的示范作用。

11.1.1.2　出台政策激励措施

研究制定针对性政策，整合促进农业产业化组织、农产品加工与流通、休闲农业等涉农领域扶持政策，建立一二三产业融合发展促进政策，建议各级政府从本级财政中列支设立产业融合发展专项资金，不断加大对农业农村基础设施、公共服务以及经营主体的支持。同时，通过税收优惠、金融扶持、通报表扬等形式对一二三产业融合主体给予奖励，推进形成争先进、学先进、赶先进的良好氛围。

11.1.1.3 促进产村互动与融合

以农企联动提升特色产业优势，发挥好龙头企业助推现代特色农业发展的强力引擎作用，积极引进农业企业、培育壮大农民合作组织，重在提升有机蔬菜、蜜瓜、小茴香、甘草、畜牧、休闲农业等特色优势产业档次，按照生产标准化、经营产业化、基地设施化、要素集约化、产业特色化要求，加快形成一批“以产带村、产村互动”的现代特色农业新典型，从而进一步激发农村经济发展活力，为M县农业发展、农村繁荣、农民富裕提供新动力、增添新活力。

11.1.1.4 建立利益共享机制

通过建立合理的利益关系，能形成健康的产业发展环境，有助于稳定合作各方、降低交易成本、增大交易剩余。探索在合作制的基础上引入股份制，农户可以出资入股建立股份合作社，进入二三产业；农民将承包经营的土地以出租或入股的形式，与投资农业的工商企业共同组建股份合作企业或农业公司，采取“保底收益+二次分红”的方式获得要素收益；企业以农业设施等投入入股或与农户实行反租倒包等方式，建立农村产业发展利益协调机制，保障农民和经营组织能够公平地分享一二三产业融合中的红利。

11.1.2 投融资支持体系创新

11.1.2.1 构建统一有序风险可控的农业投融资平台

整合现有5家政府融资平台，成立统一的M县投融资平台，由财政控股，赋予其农业产业开发职能。进一步增资M县中小企业信用担保有限责任公司，由其负责农业贷款担保业务。

11.1.2.2 运用政策性融资方式支持农业基础设施建设

M县农业基础设施建设不同于其他地区，一方面，M县的地理环境特殊，交通不甚便利，且荒漠化严重，导致各类设施建设成本较高；另一方面，由于人口密度较低，设施使用难以产生足够的规模效益（特别是农村旅游设施、道路等），因此，M 县的基础设施建设通过市场化的方式提供存在较大的难度。基本判断认为，在 M 县的基础设施建设中，政府投资的因素应较大，但即使是财政资金投入，也应通过市场化的方式运作，并伴随以政策性融资的支持。此外，在增加对政府投资项目政策性融资的同时，更应加大在基础设施建设项目中引入民营资本的力度，主要方式是对私人资本进入的基础设施项目增加政策性融资的力度，特别是对民营企业的政策性融资力度，解决民营企业投入基础设施项目资金的不足问题。

11.1.2.3　丰富和完善政府投融资手段

（1）积极拓展新型融资方式。

①盘活变现政府资产存量。例如行政机关闲置资源、企事业单位中的存量国有资产，通过公开挂牌、竞价转让等方式，将闲置资源变现后，筹集部分建设资金。②采取信托制度，提高地方政府投融资能力。M 县未来的农业基础设施建设任务十分繁重，仅靠当地政府的力量和商业银行贷款是不够的，须充分发挥信托在基础设施投融资运作中的重要作用，为社会民间资金直接投资基础设施建设提供一个通道。借此通道，实现投资主体的多元化和融资渠道的多元化，让市场在长期资源的配置方面发挥主要的和关键的作用。③资产证券化方式融资。资产证券化特有的资产负债表外处理方式可以优化资本结构。随着城市化的加速和人口的持续增长，土地资源稀缺是绝对性的，因此，国有土地是一种适合证券化的资产。此外，对能源地区来说，煤炭、天然气等国有资源开采使用方面的资产证券化融资方式也可以纳入考虑之中。④创造条件，尝试发行地方政府债券，拓展政府直接融资渠道。这方面的试点目前正在宏观决策层的考虑之中。国外这方面的经验很多，例如美国实施联邦、州和县三级财政管理，对于地方政府发展经济的融资需求主要是通过各级政府发行市政债券的方式予以解决。

（2）充分运用间接金融资本。

进一步完善农业产业从业主体融资担保体系，发挥服务中心的作用。通过这样的平台为区域内各类从业主体融资提供信用担保。鼓励保险公司设立为从业主体融资提供还款信用保险的险种；完善农业从业主体发展促进会和信息系统，逐步实现工商、税务、银行联网的信息共享体系，为各金融机构及时了解从业主体的生产经营和信用状况提供条件。

11.1.3 财政支农体系创新

优化财政投入结构，有保有压，针对重点领域投资。M 县农产品的核心竞争力源于其特有的自然环境所决定的高品质，而高品质农产品价值体现要求充分的信息和顺畅的流通渠道，2015~2017 年的财政支出显示，农业科技转化与推广支出比例不高且逐年降低，农产品质量安全支出可忽略不计，农业信息服务支出未列入预算，农业组织化与产业化经营支出微小，农产品加工与促销支出比例较低，农业支出结构不甚合理（见表 11-1 和表 11-2）。

表 11-1 M 县农业支出概况 单位：万元

科目	2015 年	2016 年	2017 年
行政运行	684	568	606
一般行政管理事务	0	0	0
机关服务	0	0	0
事业运行	3821	4572	4721
农垦运行	0	0	0
科技转化与推广服务	1104	495	33
病虫害控制	239	361	235
农产品质量安全	5	15	10
执法监管	154	181	243
统计监测与信息服务	0	0	0
农业行业业务管理	1821	280	31
对外交流与合作	0	0	0
防灾救灾	20	30	0
稳定农民收入补贴	9320	0	0
农业结构调整补贴	320	0	2006
农业生产资料与技术补贴	1871	2774	5534
农业组织化与产业化经营	190	90	90
农产品加工与促销	530	320	415

续表

科目	2015 年	2016 年	2017 年
农村公益事业	1162	432	21
综合财力补助	0	0	0
农业资源保护修复与利用	4191	4360	3687
农村道路建设	0	0	0
石油价格改革对渔业的补贴	0	0	0
对高校毕业生到基层任职补助	232	250	183
其他农业支出	2179	1475	4106
总计	27843	16203	21921

资料来源：相关年度财政决算。

表 11-2　农业支出结构

科目	2015 年	2016 年	2017 年
科技转化与推广服务	3. 97	3. 05	0. 15
农产品质量安全	0. 02	0. 09	0. 05
统计监测与信息服务	0. 00	0. 00	0. 00
农业组织化与产业化经营	0. 68	0. 56	0. 41
农产品加工与促销	1. 90	1. 97	1. 89

资料来源：根据相关年度财政决算整理所得。

结合 M 县的经济社会发展情况，未来政府投资的重点应集中于如下几个领域：

第一，农业基础设施建设。一般来说，基础设施的感应度强，感应系数较高。这决定了基础设施需要适度超前发展。如果按照当期财力来确定基础设施建设规模，必然意味着作为公共产品的基础设施供给不足，作为“共同生产条件”的基础设施就会成为制约经济社会发展的“瓶颈”。由此可见，促进地区基础设施建设，为辖区内提供生产和生活所必需的公共基础设施，是地方政府的重要职责。今后一段时期内，M 县应加快农业基础设施建设步伐，改善农业农村生产生活条件，推进乡村振兴建设。

第二，环境保护与生态建设。加快水土保持、生态环境保护和建设，是保障经济社会可持续发展的基础。为此，要加快农村和城镇污水与垃圾处理设施建设、控制农业面源污染、防治重点流域水污染，加强重点防护林和天然林资源保护工程建设，支持重点节能减排工程建设，加大生态保护和生态修复力度。

第三，支持循环经济。按照“减量化、再利用、资源化”的原则，构建循环经济体系。利用财政资金，重点支持循环经济试点园区和示范企业，对加快新技术、新工艺、新设备推广应用，对物料、水和能量等资源进行综合利用或循环利用，推进企业废物“零排放”等循环经济项目给予资金支持。

11.2 保障措施

11.2.1 强化农村基层党组织领导核心地位

落实好全面从严治党要求，扎实推进农村基层党组织建设，突出政治功能，提升组织力，打造坚强的农村基层党组织，培养优秀的党组织书记，发挥农村基层党组织战斗堡垒作用，为 M 县农业产业高质量发展提供坚强的政治保证和组织保证。积极适应农业农村现代化要求，加大在农民合作社、农村企业、农村社会化服务组织、农民工聚居地中建立党组织的力度，切实加强党组织对农村各类组织的领导。坚持政治标准，强化“从好人中选能人”导向，选优配强村“两委”班子，加大农村干部学历教育和后备干部递进培养力度，推动农村基层党员干部素质提升长效化，提高村干部综合素质和致富带富能力。坚持以村党组织为核心、村民自治和村务监督组织为基础、集体经济组织和农民合作组织为纽带、各种经济社会服务组织为补充，建立完善农村组织体系，充分发挥各类组织在推进农业产业高质量发展中的积极作用。

11.2.2 组建运转高效的组织保障机制

推进农业产业高质量发展是一项系统工程，牵涉到全县各个方面、各个部门，必须建立强有力的组织管理体系和规范的运行机制，保障产业发展项目的顺利实施。成立发展领导小组，由县长亲自任领导小组组长，分管农业副县长任副组长，县农牧局、财政局、发改局、水利局、林业局、扶贫办、科技局、工信局等部门主要负责人为成员。依据发展目标、监测指标、重点任务和政策措施，制订执行计划并按照职能部门进行任务分解。定期组织开展执行情况评估与监测工作，全面检查各项工作落实情况和实施效果。同时成立专家咨询委员会，负责对产业政策、金融政策、重点建设项目进行咨询和技术指导。要将农业产业高质量发展全面纳入M县国民经济和社会发展总体规划当中，保证农业产业高质量发展的连续性和持久性。

11.2.3 建立稳定增长的农业支持投入机制

11.2.3.1 加快资金整合

整合M县各行业已有的功能类似的财政专项资金（如中小企业发展专项资金、农牧业发展专项资金、科技专项资金等），设立政府性基金，按照“1+X+N”的模式建立产业投资引导基金。“1”为母基金，即政府整合后的财政专项资金，完全由财政出资。在母基金下，通过提供优惠的财税、土地、金融政策，吸引国内有经验和资本实力雄厚的股权投资机构（PE）设立“X”个股权投资基金（例如中小企业股权投资基金、农牧业产业投资基金、科技企业投资基金等）。由“X”个股权投资基金具体负责全县的产业投资开发业务，母基金则为“X”个子基金提供投资风险损失补偿和成本分摊，最大限度发挥财政资金的杠杆作用，撬动社会资本投入M县产业建设。“X”个子基金还可以进一步通过市场化运作吸引更多（即“N”）有实力、有经验的投资机构与“X”股权投资基金合作，扩大投资范围与规模。

11.2.3.2 加强政府财政投资力度

进一步加强政府财政用于农业投资的力度，提高预算内农业支出比重，充分发挥政府财政投资的宏观引导作用，更好地提供农业基础设施、农业市场信息、农业技术推广等公共服务。此外，基于“一带一路”倡议和西部大开发的政策，

M县承担的国家重大项目，如荒漠农业试验区、生态保护重点工程等，所需资金投入大，需要中央财政予以大力支持。在保障本县财政收入稳步增长的同时，积极争取上级财政的支持，特别是争取中央财政预算资金、转移支付资金、政策性贷款、统借统还的外资等，从而为财政投资提供充足的资金保障。

11.2.3.3 制定产业扶持政策

制定并完善肉羊养殖、特色林果、瓜菜、沙葱等种植专业大户、县级以上农民合作社、市级以上龙头企业的奖励政策；对企业和合作社获得国家、省名牌产品或驰名商标，通过有机、绿色食品认证，与超市、企业或高校等签订购销合同的给予奖励；对新、奇、特农产品新品种引进及产业发展较为突出的乡（镇）、村给予一定的奖励。

11.2.4 防范和控制地方政府投融资风险

一是要掌握和规范好地方政府投融资项目的审议和决策程序，分轻重缓急合理安排投融资总规模，使其与财政能力相协调；二是要建立和完善地方政府债务管理制度，进一步规范政府债务管理行为，使“借用还”与“权责利”相统一，便于考察评价和责任追踪；三是要建立行之有效的政府债务风险预警分析体系，定期汇总、分析地方政府债务的状况、构成，以及新债务产生的原因、趋势，以做出恰当的判断和决策，并及时应对；四是要建立和完善偿债准备金制度，通过多渠道筹集偿债资金，每年有计划地从预算财力和政府预算外资金收入中安排一定比例的资金用于偿债，化解偿债压力。

11.2.5 推行内外贯通的对外合作体系

11.2.5.1 加大招商引资力度

按照“企业实力强、产业带动强、技术水平强”的原则，实行定期招商机制，紧盯世界500强、民企100强和行业龙头企业。重点开展现代农业园区建设，重点发展有机蔬菜、瓜类、葵花、沙生中药材生产加工。实行重点项目领导分包机制，完善“一个项目、一名领导”的县级领导联系分包制度。对县级项目、园区实施一套专门班子协调、一个联络员跟踪的服务模式，采取“一事一议”“一企一策”的办法重点跟踪、重点服务和重点督促，着力破解杆线迁移、协调服务、土地流转、项目扶持等方面难题。

11.2.5.2　推动农业“走出去”

依托“一带一路”建设契机，积极推动农业“走出去”。充分利用“丝绸之路经济带”的国际市场空间，积极培育具有竞争力的农业企业，做大做强农业产业。依托“丝绸之路经济带”国际陆港，建立有机农产品国际交易中心，积极开展有机农产品和绿色食品认证、GAP认证，鼓励标准化、组织化程度高的企业申报瓜菜出口，完成出口基地备案，扩大M县名优农产品市场占有率。

11.2.5.3　强化区域战略合作

加强与周边县市的合作，围绕瓜菜、特色林果等特色农产品基地建设、节水农业建设、农产品质量安全、农产品销售、农业科技培训及信息交流等方面，推动建立合作销售平台、质量监测互信、两地龙头企业深度合作等，实现优势互补、壮大产业、协同发展，促进区域协调发展。

11.2.5.4　加强对外宣传推广

通过报纸、网络、电视等形式，宣传M县大力发展高效节水现代农业的决心与战略部署。按照现代营销的理念和方法，建立现代农业产品的品牌形象识别系统，积极做好市场营销工作。组织开展农产品推介会、研讨会、论坛、文化节等活动，加强优质农产品品牌的宣传。认真做好农业资源优势的宣传工作，提高项目投资商（方）对M县农产品的“认知度”和“接受度”。积极承办区域性农产品展销会，支持企业、合作社参加全国或区域性的农产品展销会，提高M县农产品品牌知名度和市场竞争力。

11.2.6　构建保障有力的法规制度体系

11.2.6.1　提高农业依法管理水平

制定或修订耕地质量保护、农药管理、肥料管理、农业环境监测、农产品产地安全管理等地方条例。农业部门和农村基层干部要切实把法治理念和法治精神体现到工作实践中，认真执行农业相关法律、法规和规章，提高运用法治思维和法治方式推动农业发展、化解基层矛盾、维护农村稳定的能力。

11.2.6.2　加强农村法治宣传教育

多渠道开展农村法制宣传，努力提高农民法律素质，增强依法参与农村基层民主管理、依法表达利益诉求、依法维护自身合法权益的能力。进一步完善农村网格化管理，着力推进社会治理方式创新，全面提升群众满意度，维护社会稳定、促进社会和谐。

11.2.6.3　加强农业执法体系建设

积极探索农林水等领域内的综合执法，深入开展农资打假专项行动，积极推进“放心农资下乡进村”示范建设，切实维护农民利益。适应形势发展需要，不断完善动物疫情、植物病虫害、农业环境污染、农产品质量安全、农机生产安全、农业自然灾害等重大突发事件应急预案，建立预警机制，切实增强应对处置能力。

11.2.6.4　强化生态环境影响评价

各类农业建设项目的实施都会产生一定的建筑垃圾，运行中还可能产生一些有毒有害物质或气体等，如不能有效处理，会对周围环境造成危害。要按照国家有关规定，所有建设项目开工前必须做好环境影响评价，取得环保部门审批方可动工。项目实施全过程与环保部门保持沟通。按照有关规定对施工中产生的噪声、扬尘、废水、废渣、废气以及垃圾等采取合理解决措施规范处理，严格执行“三同时”制度，落实污染防治措施，确保零污染、零排放。

11.2.7　打造强而有力的农业人才队伍

采取多种形式，发展多层次教育体系和在职人员培训体系，重点加快农业科技人才、新型职业农民的培养。与省内农业大学、农业科学院等高校科研院所合作，建立农业专业技能培训学校、田间学校，选派农业科技推广人员、种养大户、企业技术骨干等，定期分批开展在职培训学习，围绕高效节水技术、作物高产栽培、畜禽疫病防治、农产品精深加工、农产品质量安全、“互联网+农业”、农业品牌推广等开展专题培训。同时努力培养打造一支专业“三农”工作队伍，每年选送一批业务能力强的优秀人才到其他省份参观学习，既能开阔视野、提高业务能力，又能拓宽思路，与外界加强交流和联系。

参考文献

［1］安树伟，李瑞鹏．黄河流域高质量发展的内涵与推进方略［J］．改革，2020（01）：76-86.

［2］曹连海，吴普特，赵西宁，王玉宝．近50年河套灌区种植系统演化分析［J］．农业机械学报，2014，45（07）：144-150.

［3］陈晓东，金碚．黄河流域高质量发展的着力点［J］．改革，2019（11）：25-32.

［4］陈晓楠，段春青，邱林，黄强．基于粒子群的大系统优化模型在灌区水资源优化配置中的应用［J］．农业工程学报，2008（03）：103-106.

［5］陈耀，张可云，陈晓东，廖元和，宋丙涛，黄寰，王喜成．黄河流域生态保护和高质量发展［J］．区域经济评论，2020（01）：8-22.

［6］陈怡平，傅伯杰．关于黄河流域生态文明建设的思考［N］．中国科学报，2019-12-20.

［7］樊杰，王亚飞，王怡轩．基于地理单元的区域高质量发展研究——兼论黄河流域同长江流域发展的条件差异及重点［J］．经济地理，2020，40（01）：1-11.

［8］郭晗，任保平．黄河流域高质量发展的空间治理：机理诠释与现实策略［J］．改革，2020（04）：74-85.

［9］胡春宏，张晓明．关于黄土高原水土流失治理格局调整的建议［J］．

中国水利，2019（23）：5-7+11.

［10］贾绍凤，梁媛．新形势下黄河流域水资源配置战略调整研究［J］．资源科学，2020，42（01）：29-36.

［11］金凤君．黄河流域生态保护与高质量发展的协调推进策略［J］．改革，2019（11）：33-39.

［12］李茉．基于不确定性分析的农业水土资源多尺度优化配置方法与模型研究［D］．北京：中国农业大学，2017.

［13］侍翰生，程吉林，方红远，陆小伟．基于动态规划与模拟退火算法的河-湖-梯级泵站系统水资源优化配置研究［J］．水利学报，2013，44（01）：91-96.

［14］王金南．黄河流域生态保护和高质量发展战略思考［J］．环境保护，2020，48（Z1）：18-21.

［15］王喜峰，沈大军．黄河流域高质量发展对水资源承载力的影响［J］．环境经济研究，2019，4（04）：47-62.

［16］徐辉，师诺，武玲玲，张大伟．黄河流域高质量发展水平测度及其时空演变［J］．资源科学，2020，42（01）：115-126.

［17］张金良．黄河流域生态保护和高质量发展水战略思考［J］．人民黄河，2020，42（04）：1-6.

［18］张展羽，司涵，冯宝平，胡超，吕梦醒．缺水灌区农业水土资源优化配置模型［J］．水利学报，2014，45（04）：403-409.

［19］赵建明．灌区多要素农业水资源优化配置研究［D］．北京：中国农业大学，2018.

［20］赵钟楠，张越，李原园，袁勇，田英．关于黄河流域生态保护与高质量发展水利支撑保障的初步思考［J］．水利规划与设计，2020（02）：1-3.

［21］周惠成，彭慧，张弛，肖建民．基于水资源合理利用的多目标农作物种植结构调整与评价［J］．农业工程学报，2007（09）：45-49.

［22］Chiu Y-C，Nishikawa T，Yet W W G. Optimal Pump and Recharge Management Model for Nitrate Removal in the Warren Groundwater Basin California [J]. Journal of Water Resources Planning and Management, 2010, 136 (03): 229-308.

[23] Hou J, Mi W, Sun J. Optimal Spatial Allocation of Water Resources Based on Pareto Ant Colony Algorithm [J]. International Journal of Geographical Information Science, 2014, 28 (02): 213-233.

[24] Huang G, Loucks D P. An Inexact Two-stage Stochastic Programming Model for Water Resources Management under Uncertainty [J]. Civil Engineering Systems, 2000, 17 (02): 95-118.

[25] Karamouz M, Zahraie B, Kerachian R, et al. Crop Pattern and Conjunctive Use Management: A Case Study [J]. Irrigation and Drainage, 2010, 59 (02): 161-173.

[26] Li W, Li Y, Li C, et al. An Inexact Two-stage Water Management Model for Planning Agricultural Irrigation under Uncertainty [J]. Agricultural Water Management, 2020, 97 (11): 1905-1914.

[27] Li Y, Liu j, Huang G. A Hybrid Fuzzy-stochastic Programming Method for Water Trading within An Agricultural System [J]. Agricultural Systems, 2014 (123): 71-83.

[28] Ma J, Chen S, Qiu L. A Multi-objective Fuzzy Optimization Model for Cropping Structure and Water Resources and Its Method [J]. Agriculture Science & Technology, 2004, 5 (01): 5-10.

[29] Nieswand G H, Granstom M L. A Chance Constrained Approach to the Conjunctive Use of Surface Waters and Groundwaters [J]. Water Resources Research, 1971, 7 (06): 1425-1436.

[30] Paul S, Panda S N, Kumar D N. Optimal Irrigation Allocation: A Multilevel Approach [J]. Journal of Irrigation and Drainage Engineering, 2000, 126 (03): 149-156.

[31] Provencher B, Burt O. Approximating the Optimal Ground Water Pumping

Policy in a Multiaquifer Stochastic Conjunctive Use Setting [J] . Water Resources Research, 1994, 30 (03): 833-843.

[32] Singh A. Optimal Allocation of Resources for the Maximization of Net Agricultural Return [J] . Journal of Irrigation and Drainage Engineering, 2012, 138 (09): 830-836.

[33] Zheng F, Zecchin A. An Efficient Decomposition and Dual-stage Multi-objective Optimization Method for Water Distribution Systems with Multiple Supply Sources [J] . Environmental Modelling & Software, 2014 (55): 143-155.